DIESES BUCH GEHÖRT ZU:

_ _ _ _ _ _ _

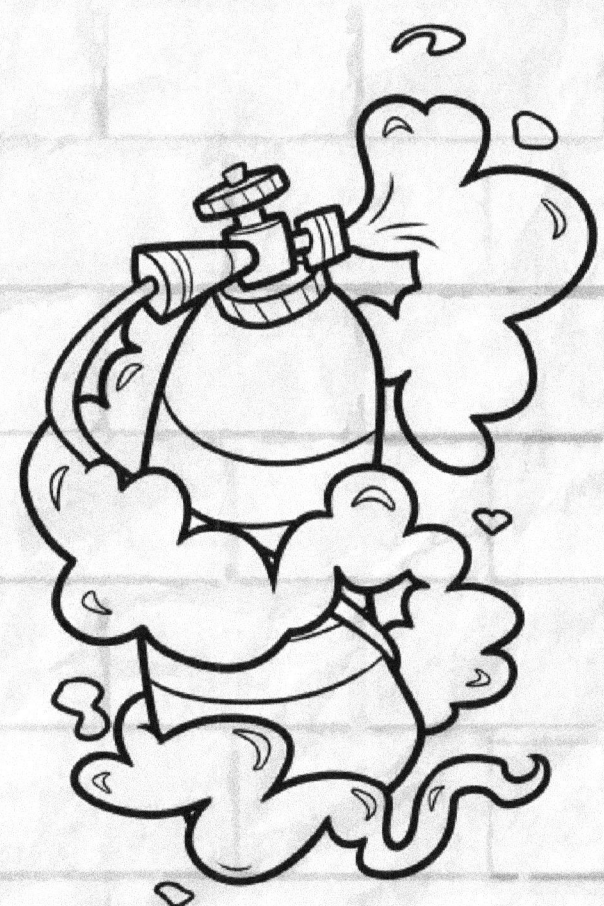

DIE KUNST DES ZEICHNENS

SCHRITT FÜR SCHRITT LERNEN

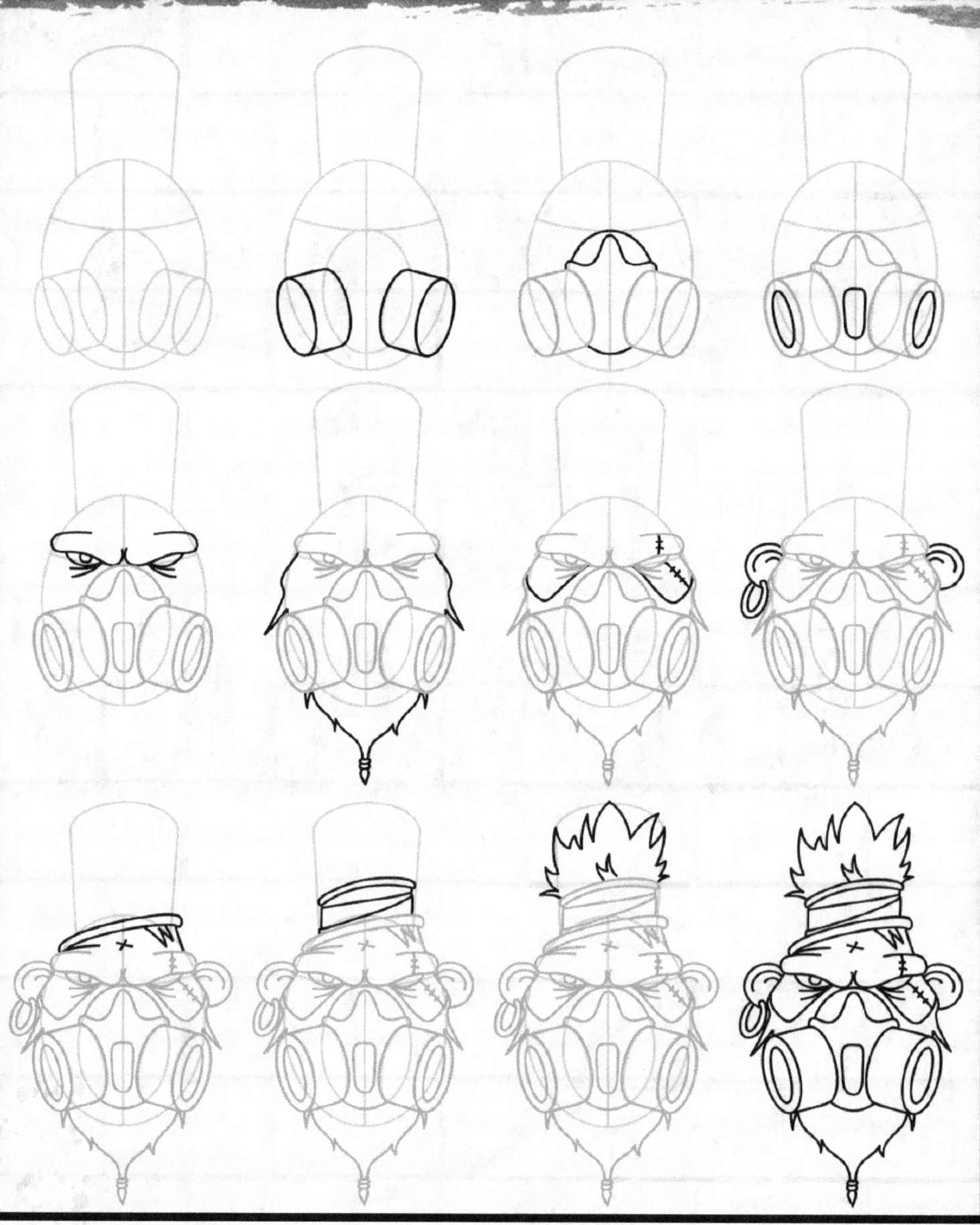

DU BIST DRAN!

SCHRITT FÜR SCHRITT LERNEN

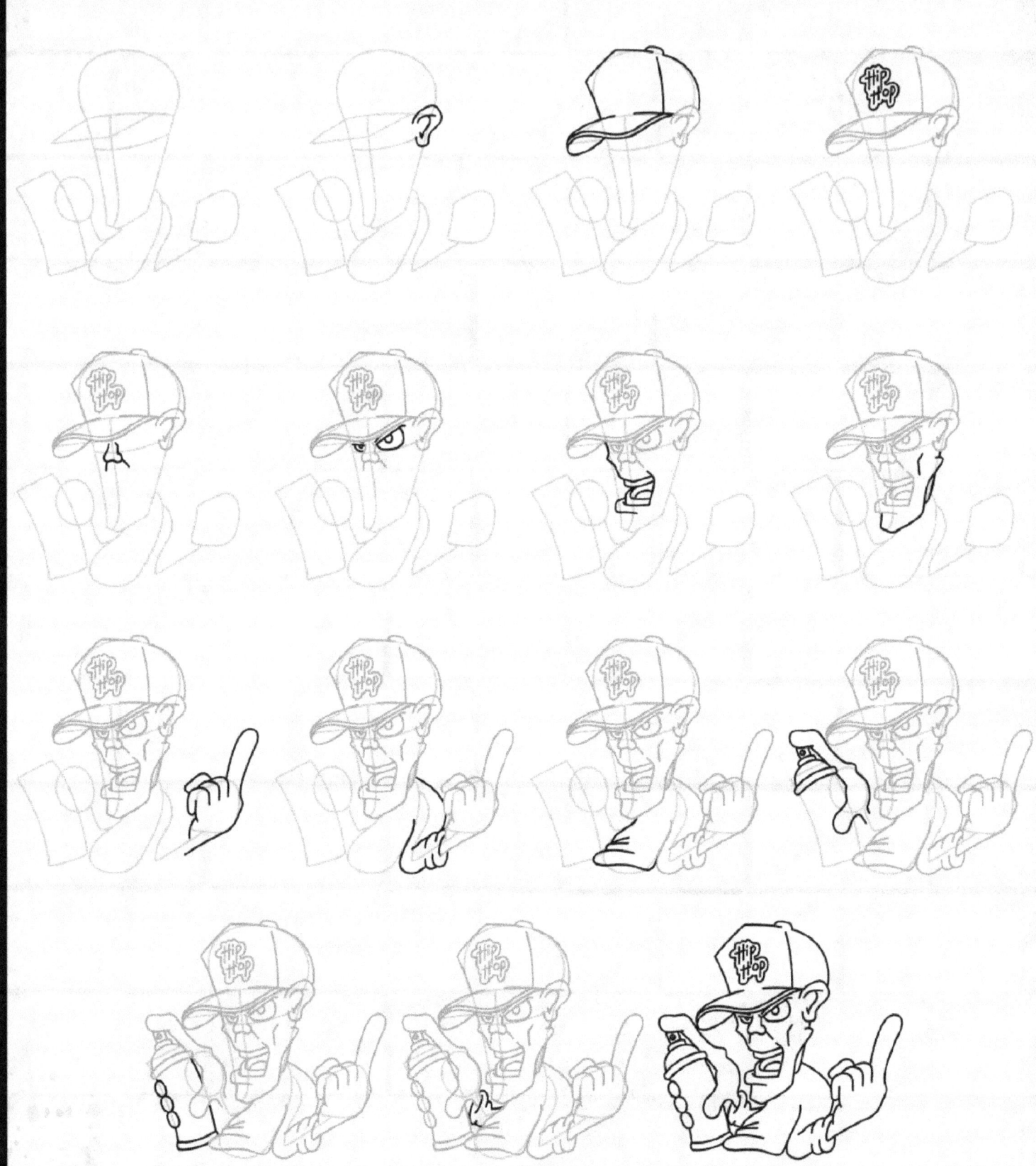

DU BIST DRAN!

SCHRITT FÜR SCHRITT LERNEN

DU BIST DRAN!

SCHRITT FÜR SCHRITT LERNEN

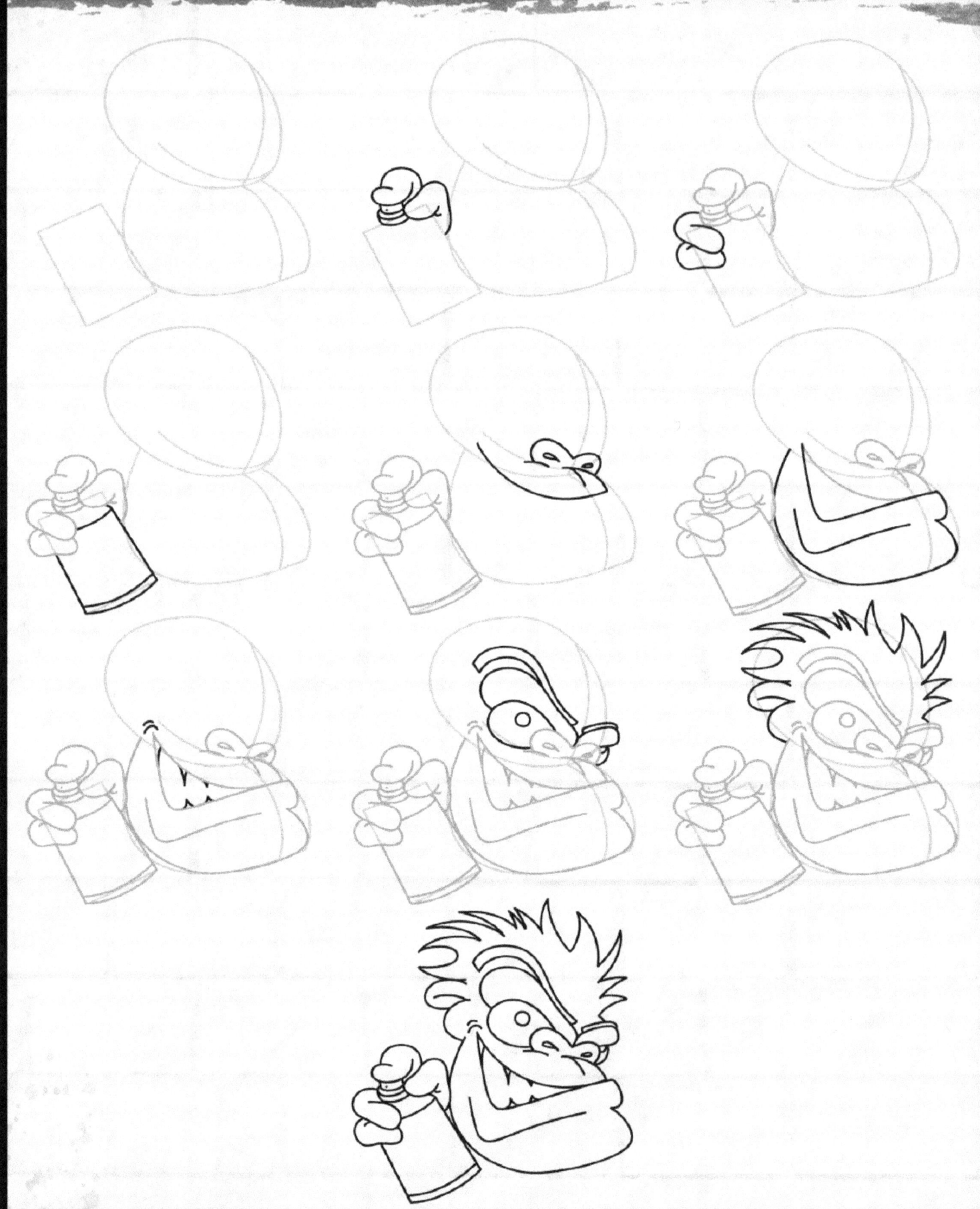

DU BIST DRAN!

SCHRITT FÜR SCHRITT LERNEN

DU BIST DRAN!

SCHRITT FÜR SCHRITT LERNEN

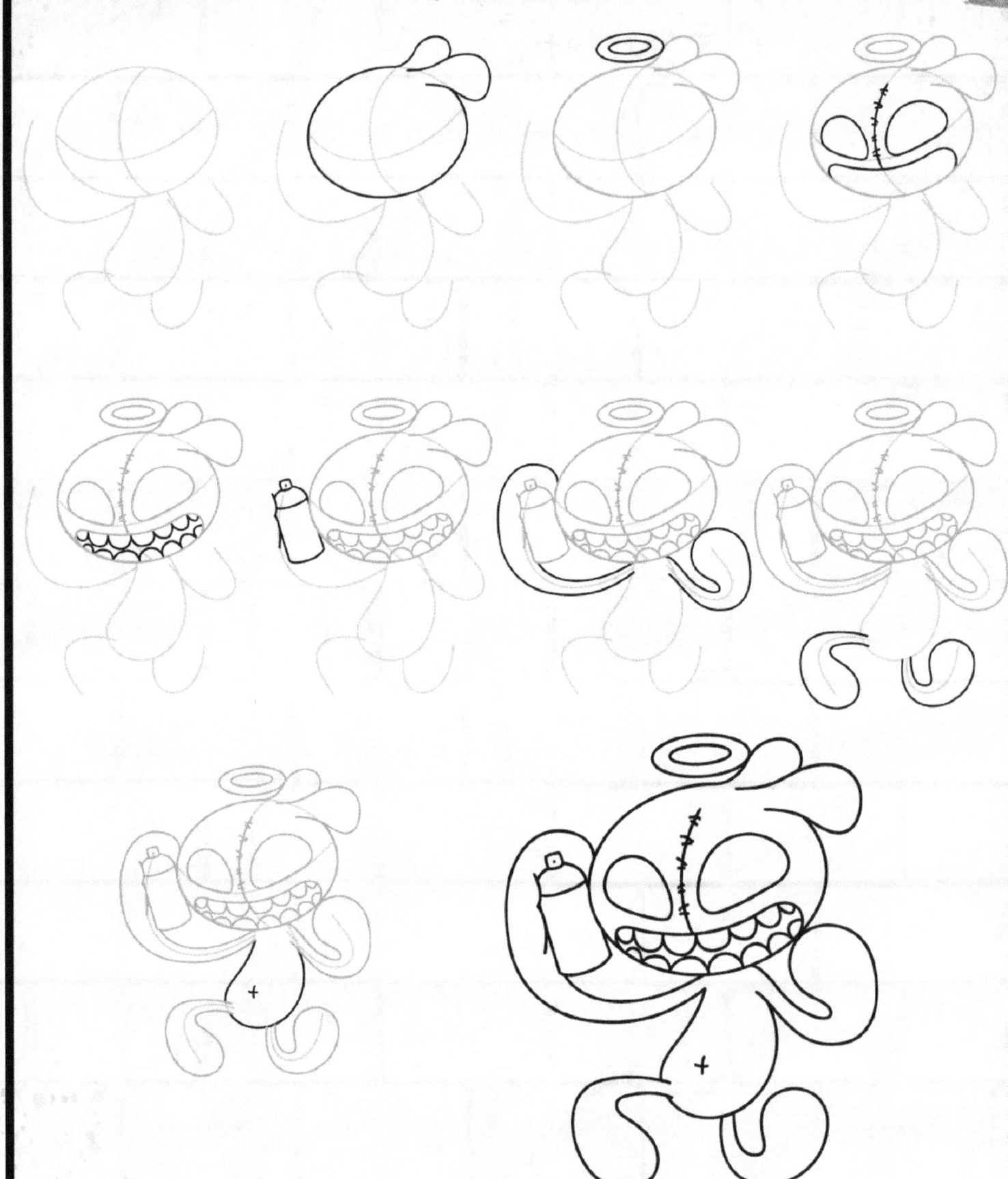

DU BIST DRAN!

SCHRITT FÜR SCHRITT LERNEN

DU BIST DRAN!

SCHRITT FÜR SCHRITT LERNEN

SCHRITT FÜR SCHRITT LERNEN

DU BIST DRAN!

SCHRITT FÜR SCHRITT LERNEN

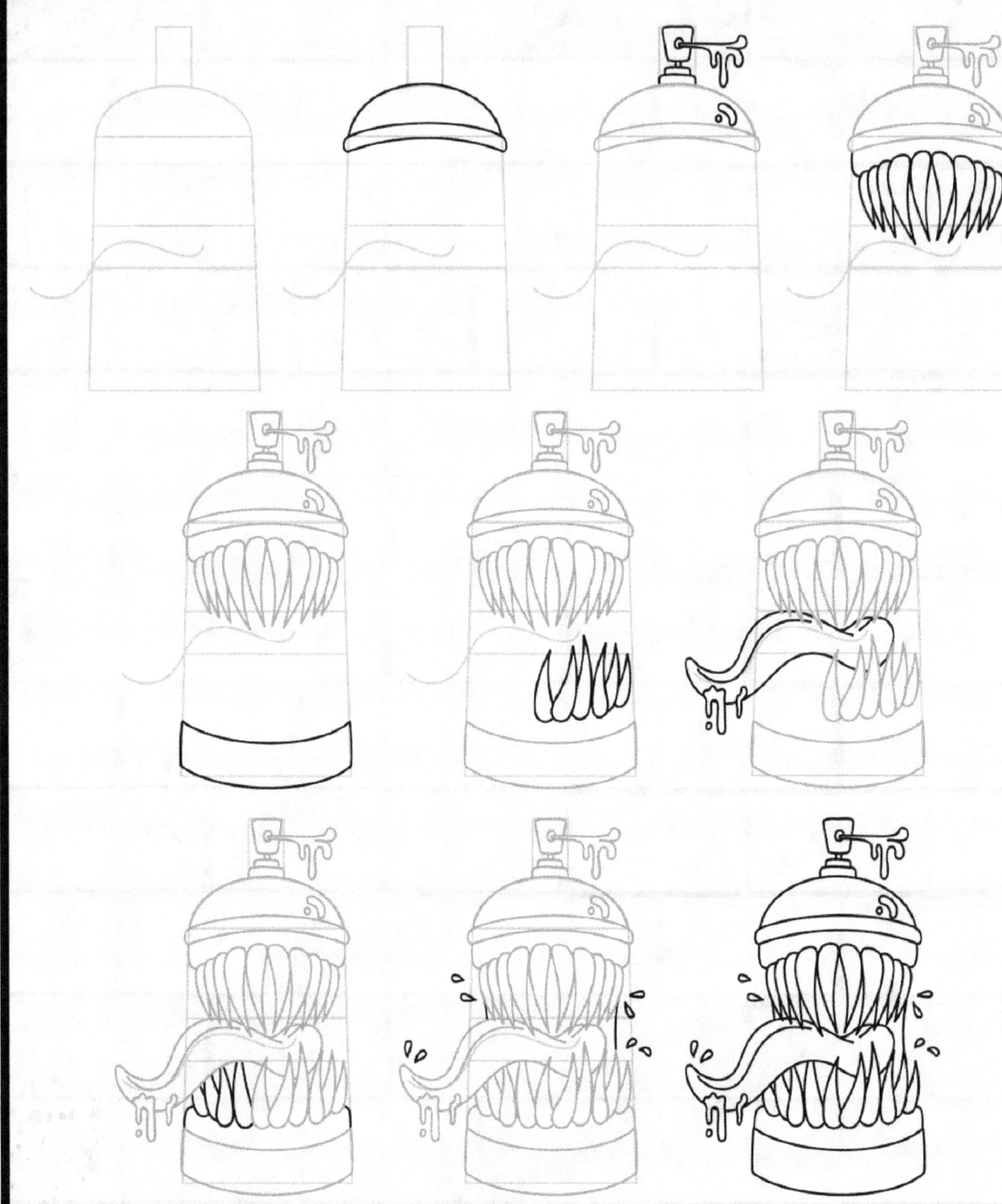

DU BIST DRAN!

SCHRITT FÜR SCHRITT LERNEN

DU BIST DRAN!

SCHRITT FÜR SCHRITT LERNEN

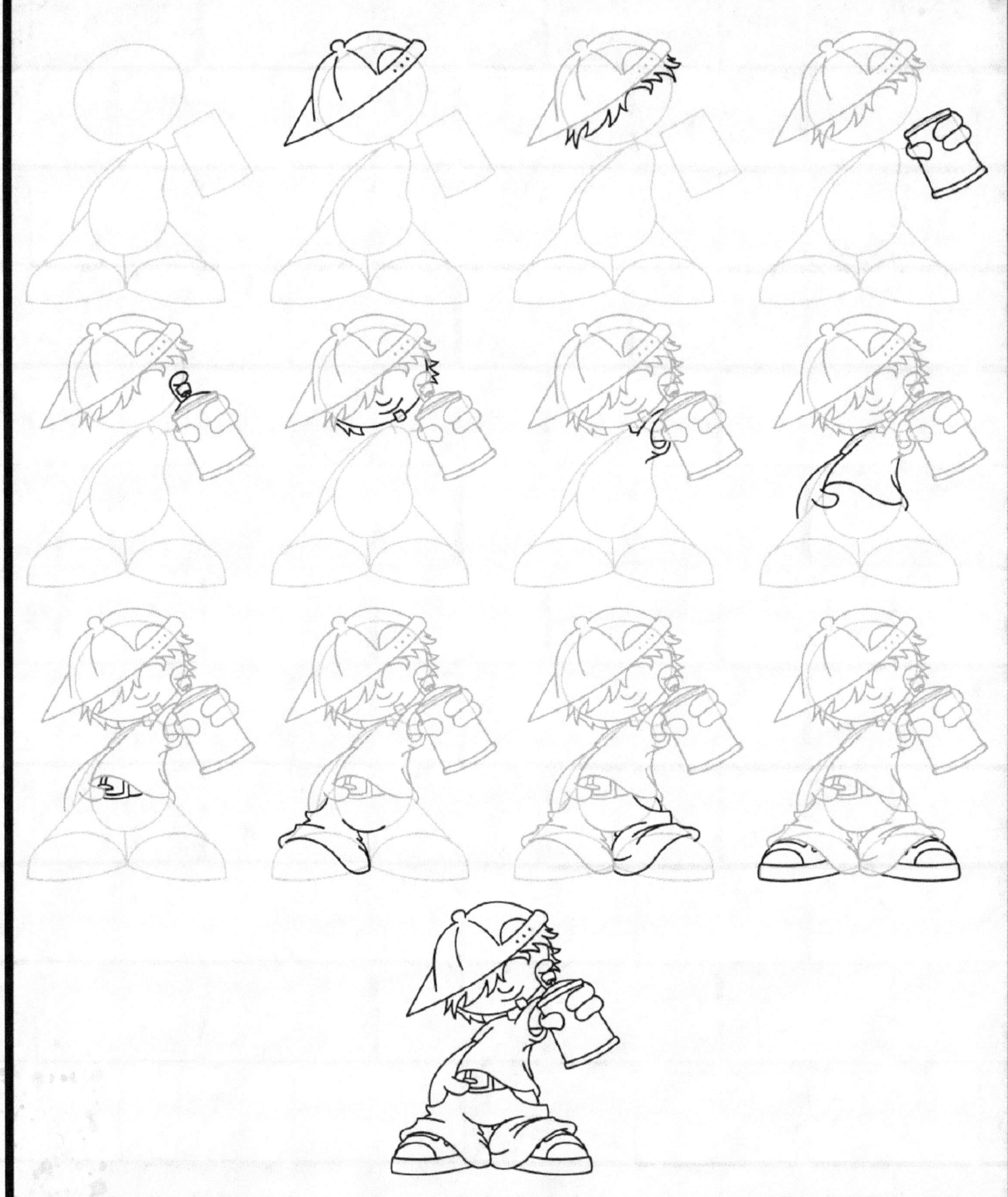

DU BIST DRAN!

SCHRITT FÜR SCHRITT LERNEN

DU BIST DRAN!

SCHRITT FÜR SCHRITT LERNEN

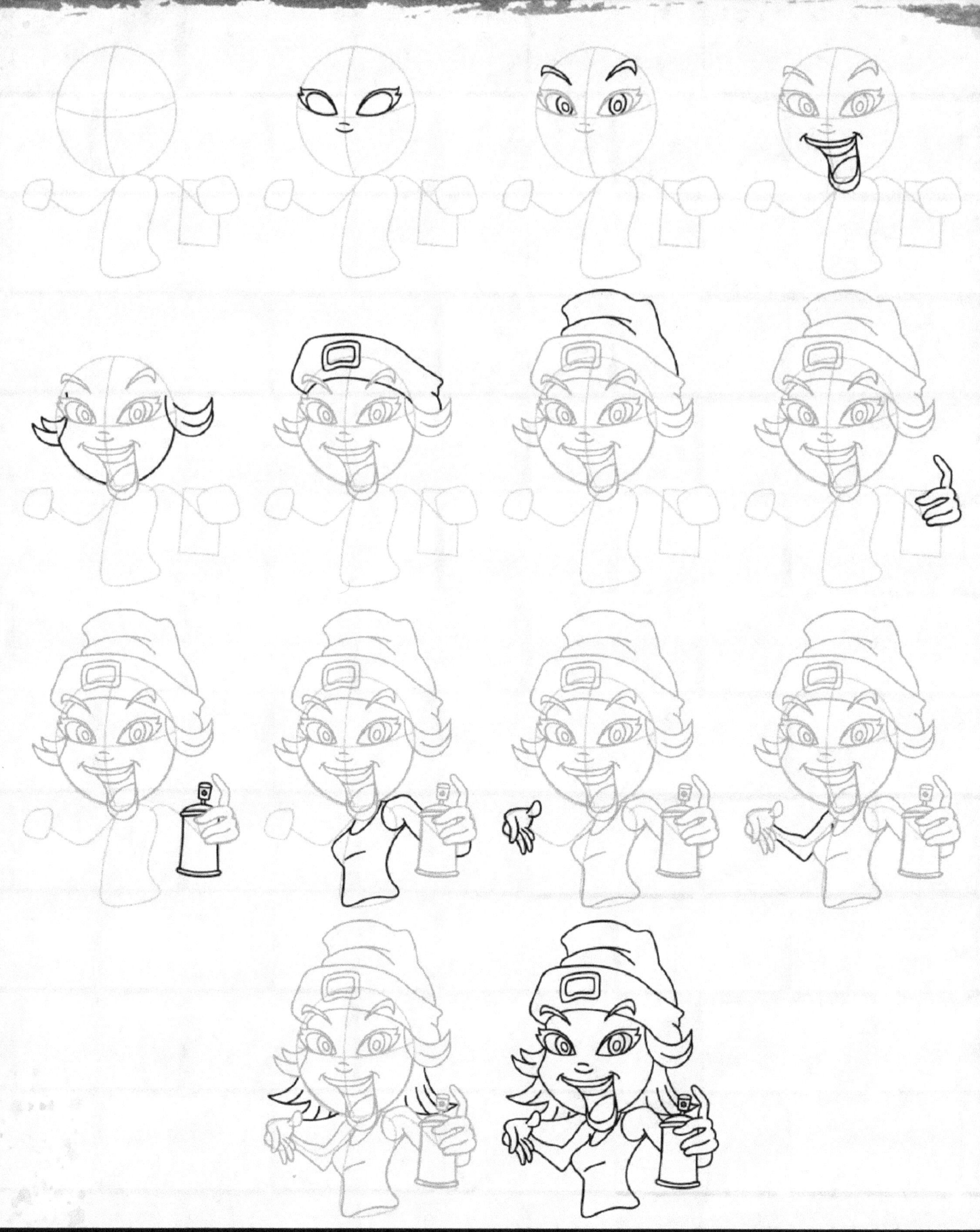

DU BIST DRAN!

SCHRITT FÜR SCHRITT LERNEN

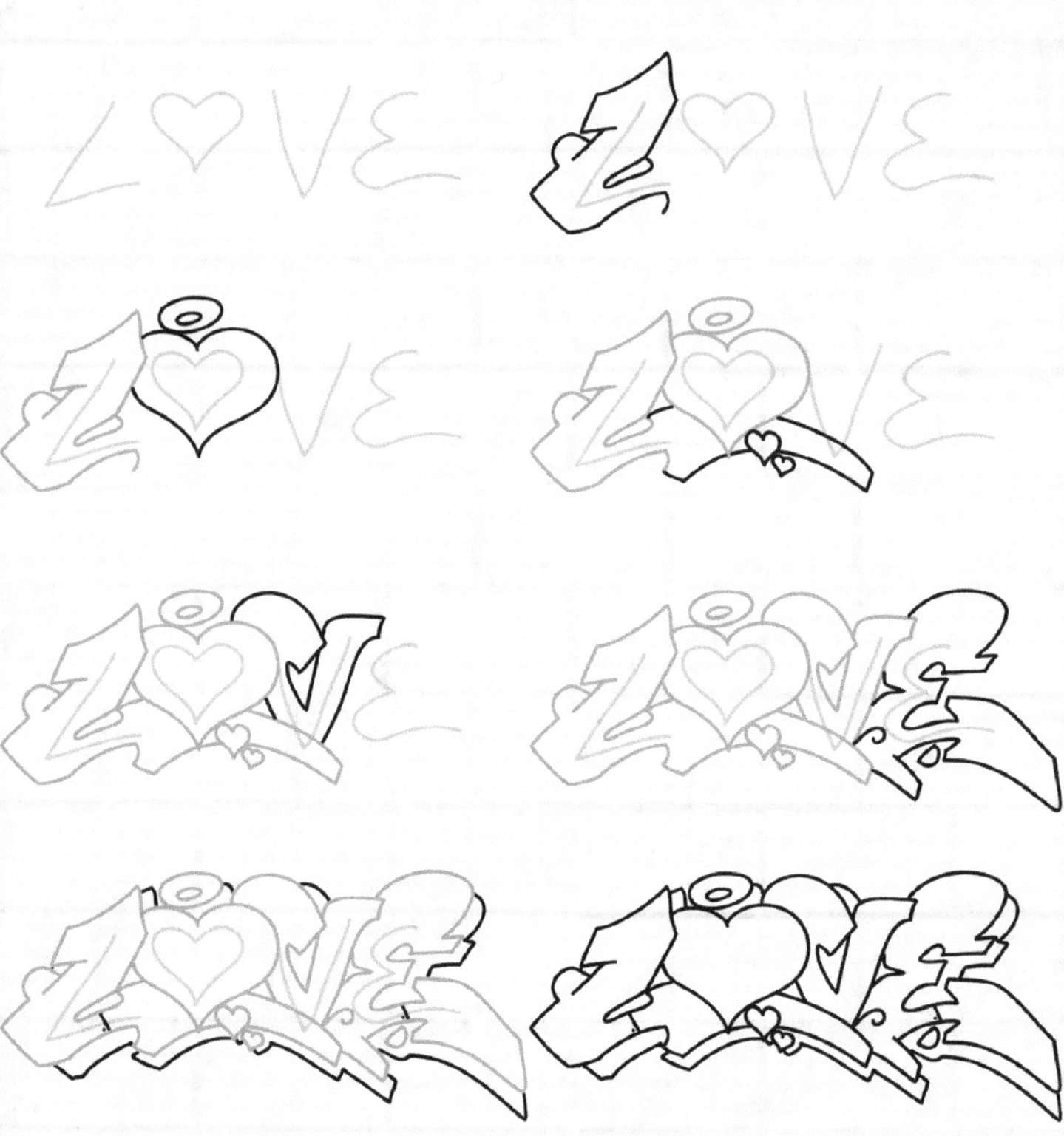

DU BIST DRAN!

SCHRITT FÜR SCHRITT LERNEN

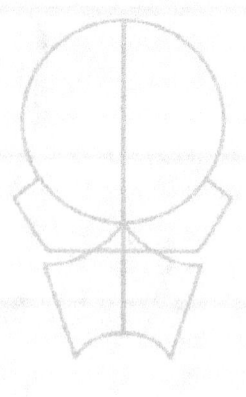
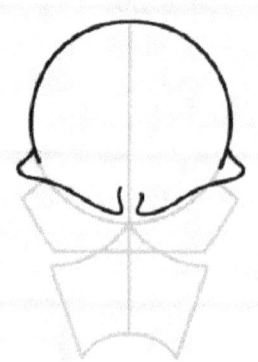
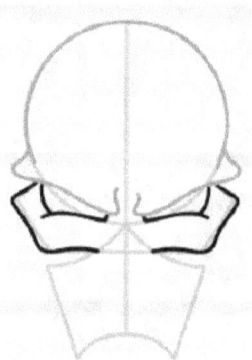
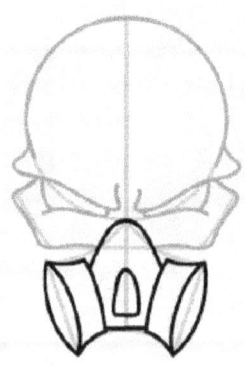
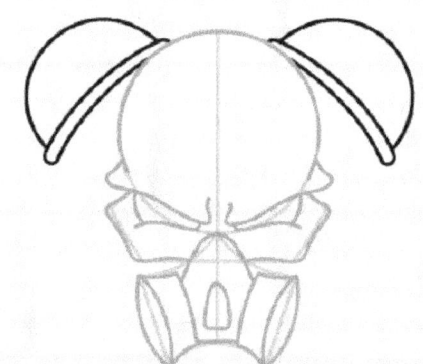
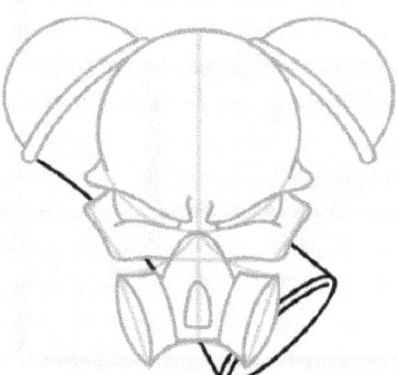
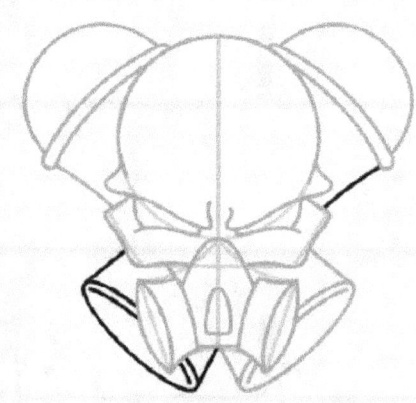
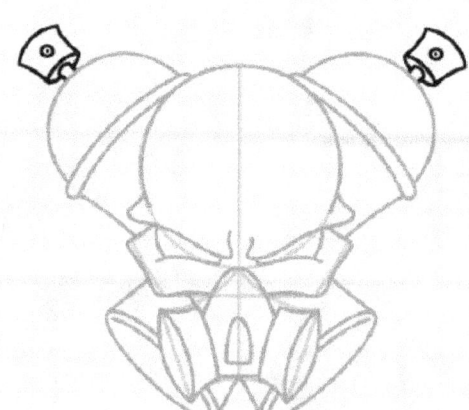
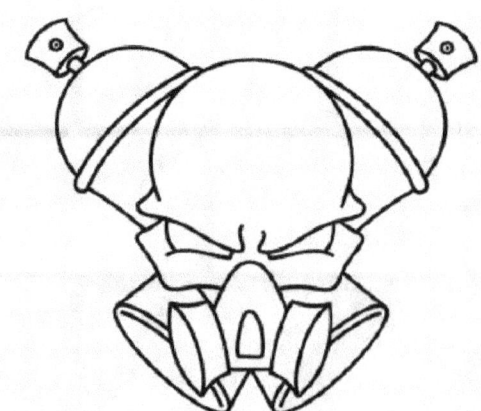

DU BIST DRAN!

SCHRITT FÜR SCHRITT LERNEN

DU BIST DRAN!

SCHRITT FÜR SCHRITT LERNEN

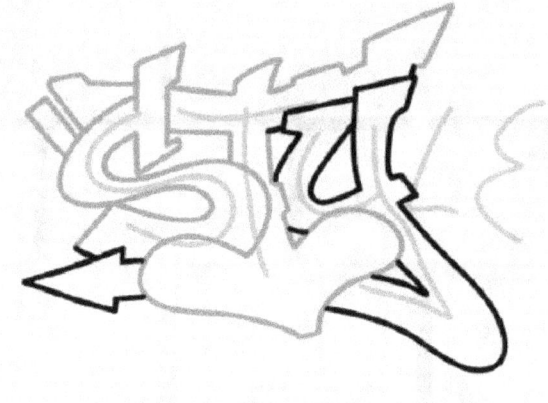

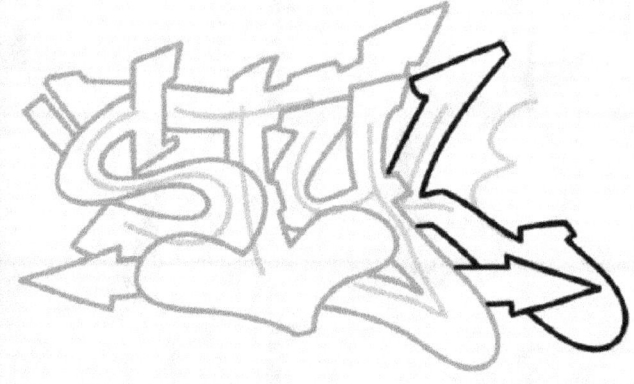

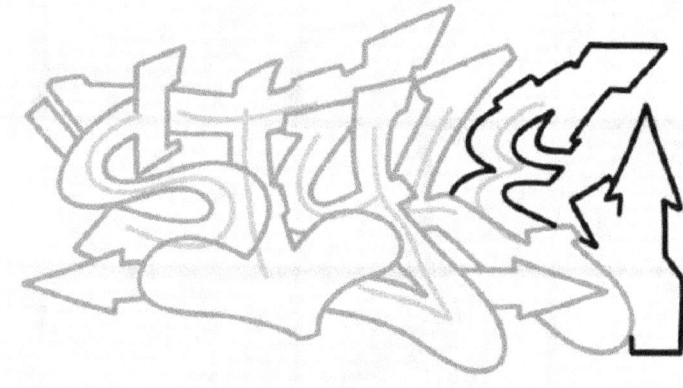

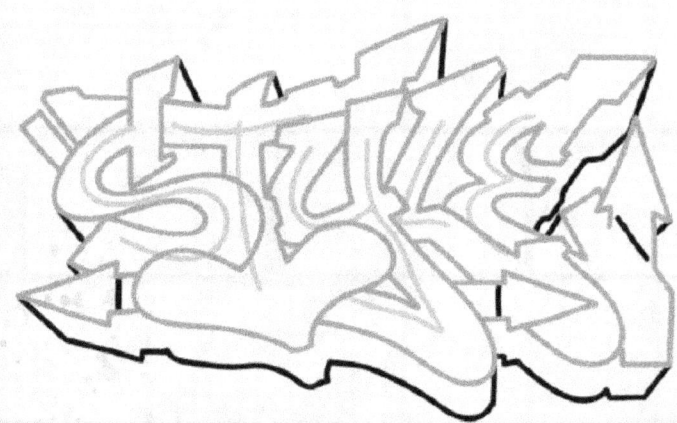

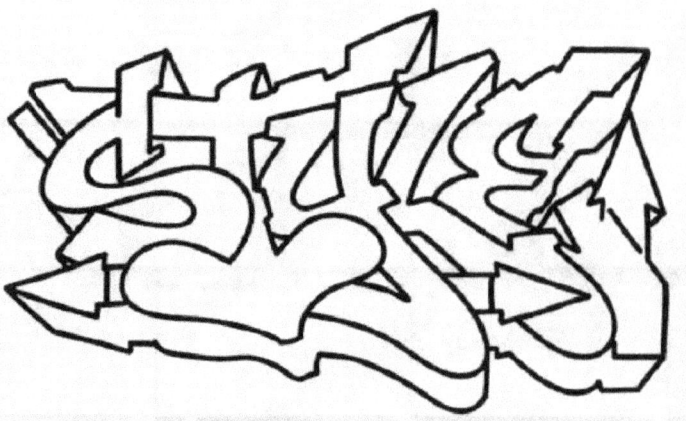

DU BIST DRAN!

SCHRITT FÜR SCHRITT LERNEN

DU BIST DRAN!

SCHRITT FÜR SCHRITT LERNEN

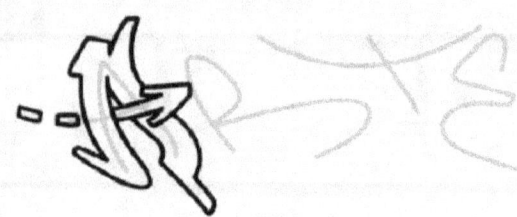

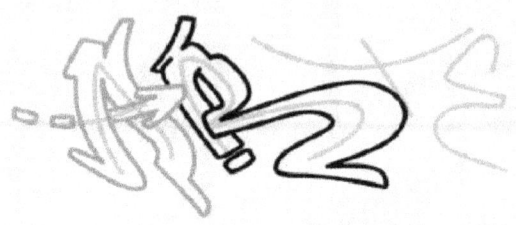
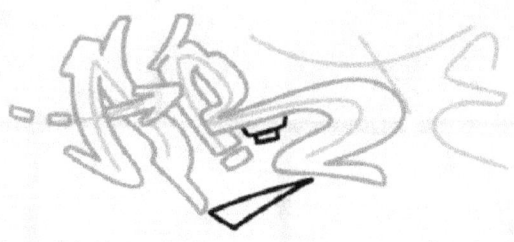

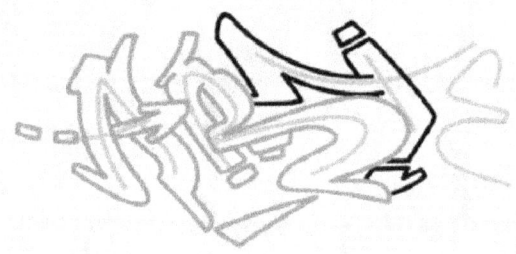
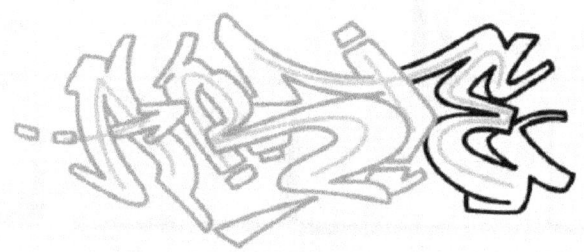

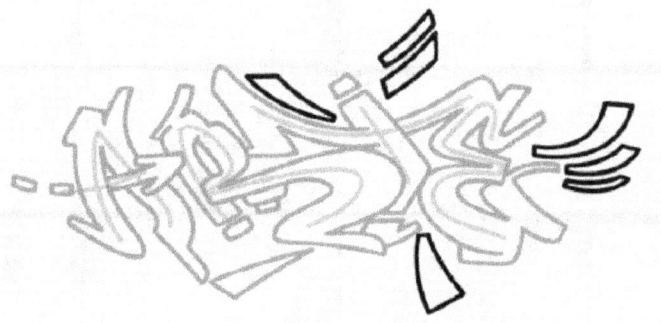
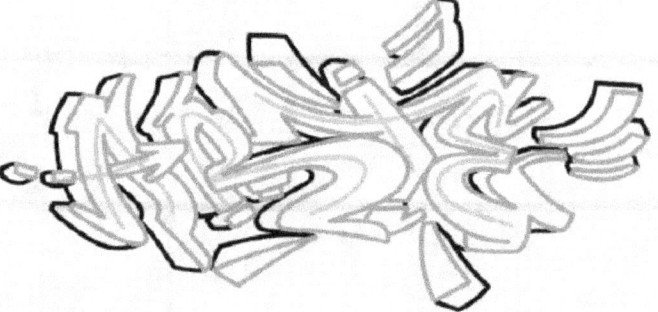

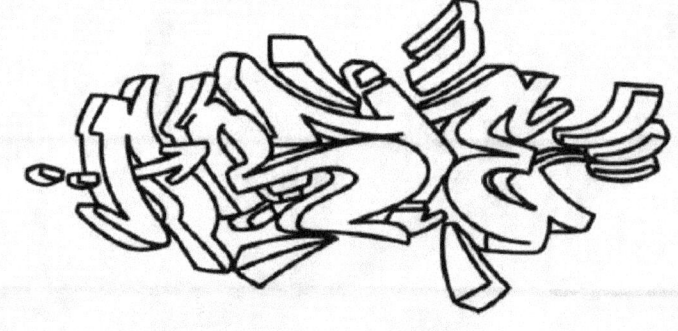

DU BIST DRAN!

SCHRITT FÜR SCHRITT LERNEN

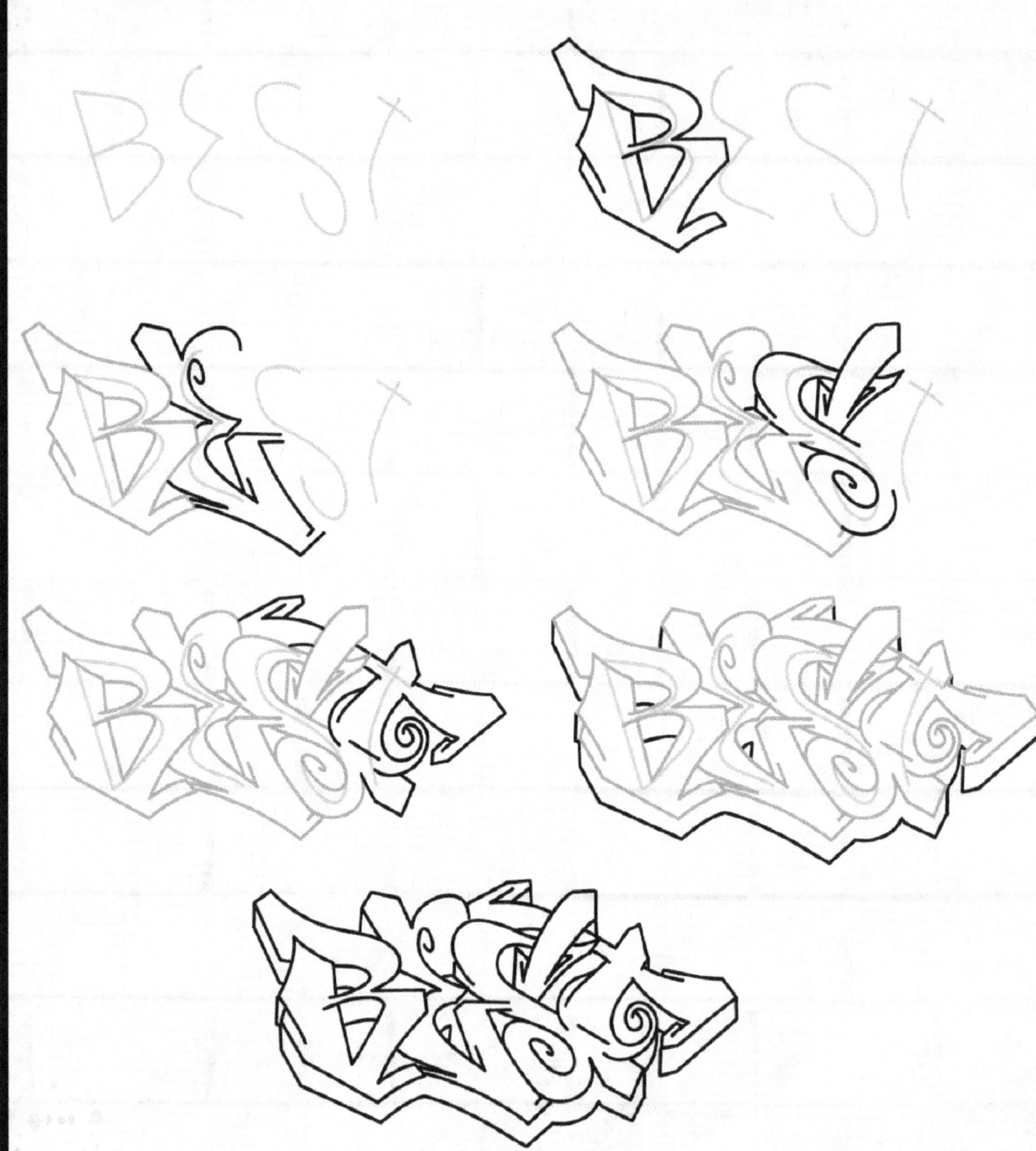

DU BIST DRAN!

SCHRITT FÜR SCHRITT LERNEN

DU BIST DRAN!

SCHRITT FÜR SCHRITT LERNEN

DU BIST DRAN!

SCHRITT FÜR SCHRITT LERNEN

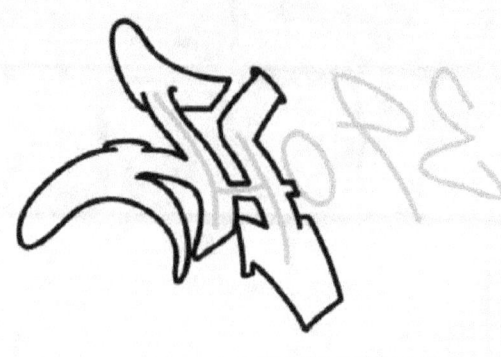

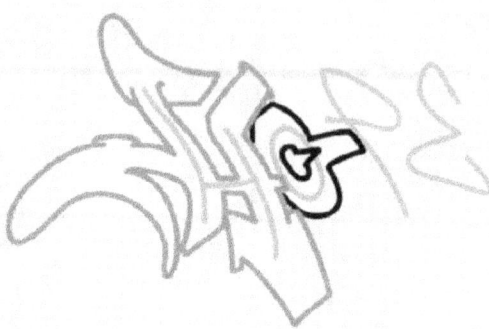

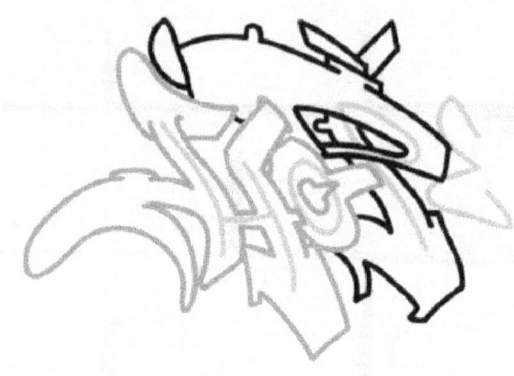

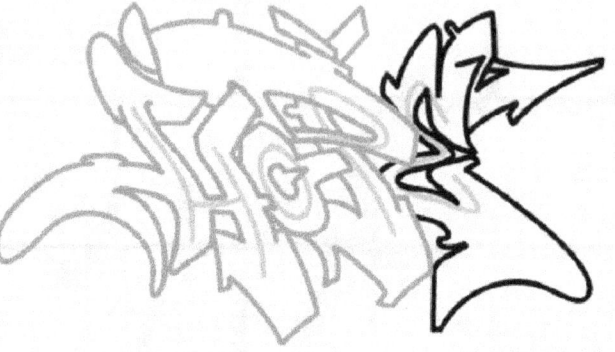

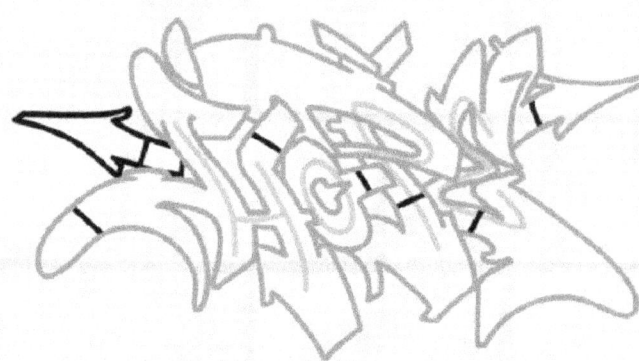

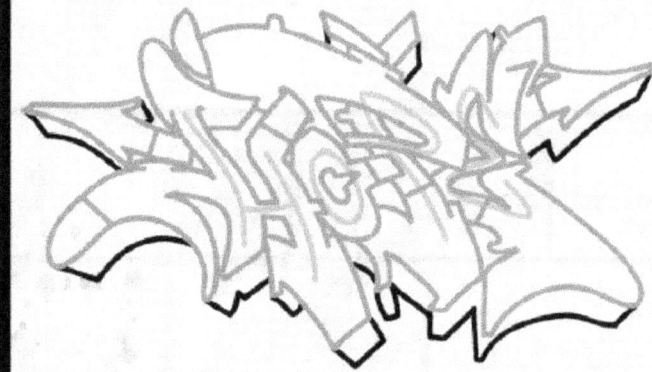

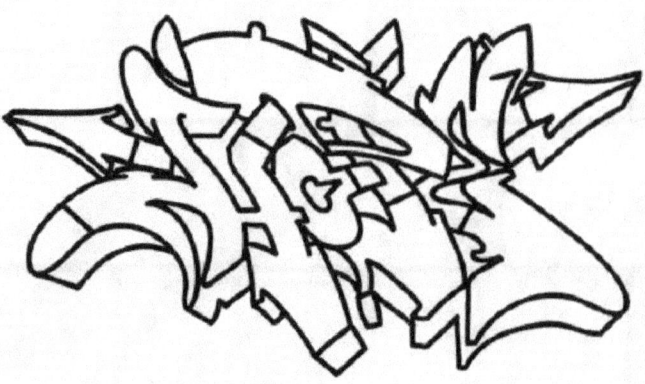

DU BIST DRAN!

SCHRITT FÜR SCHRITT LERNEN

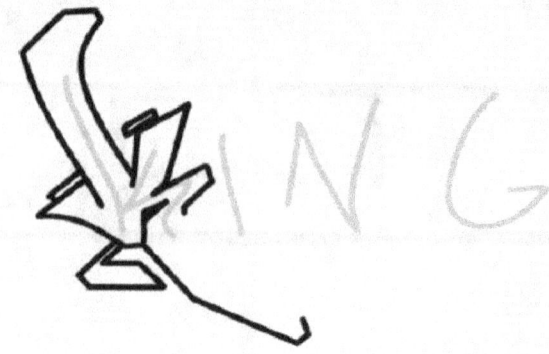

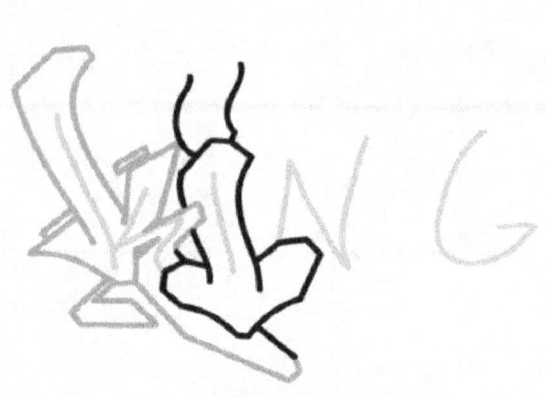
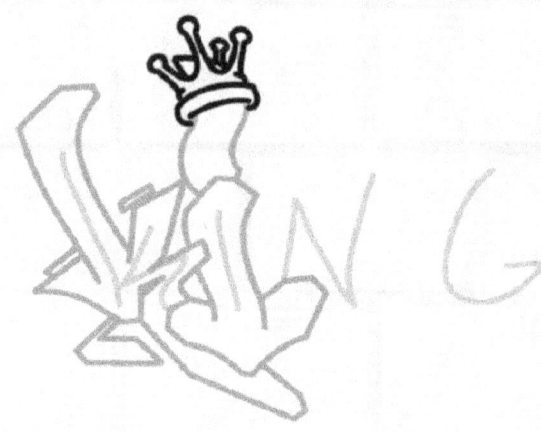

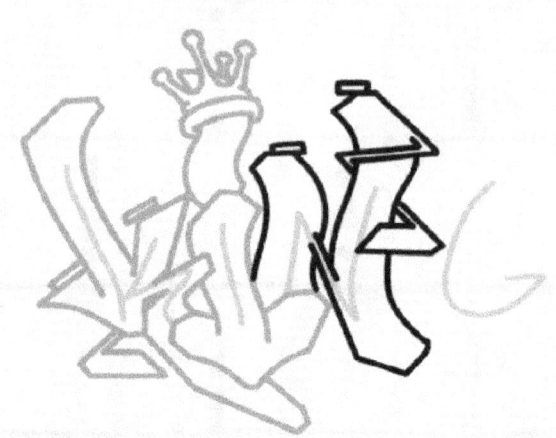
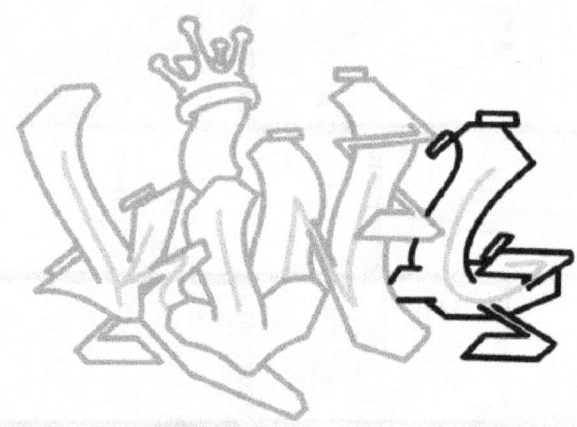

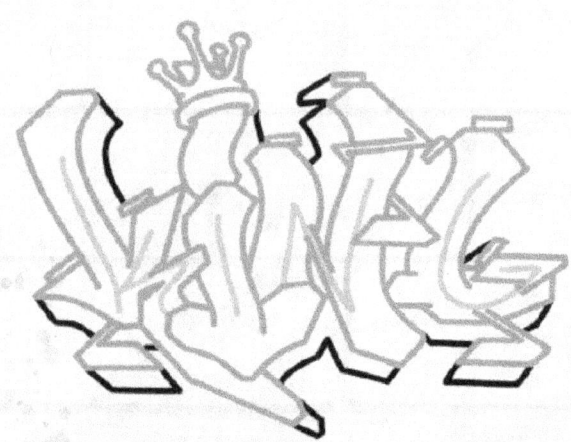
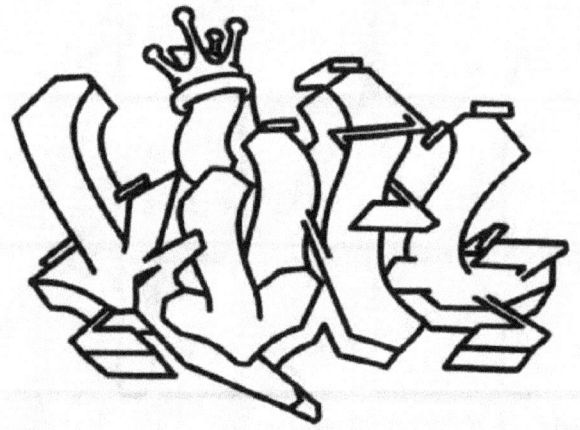

DU BIST DRAN!

SCHRITT FÜR SCHRITT LERNEN

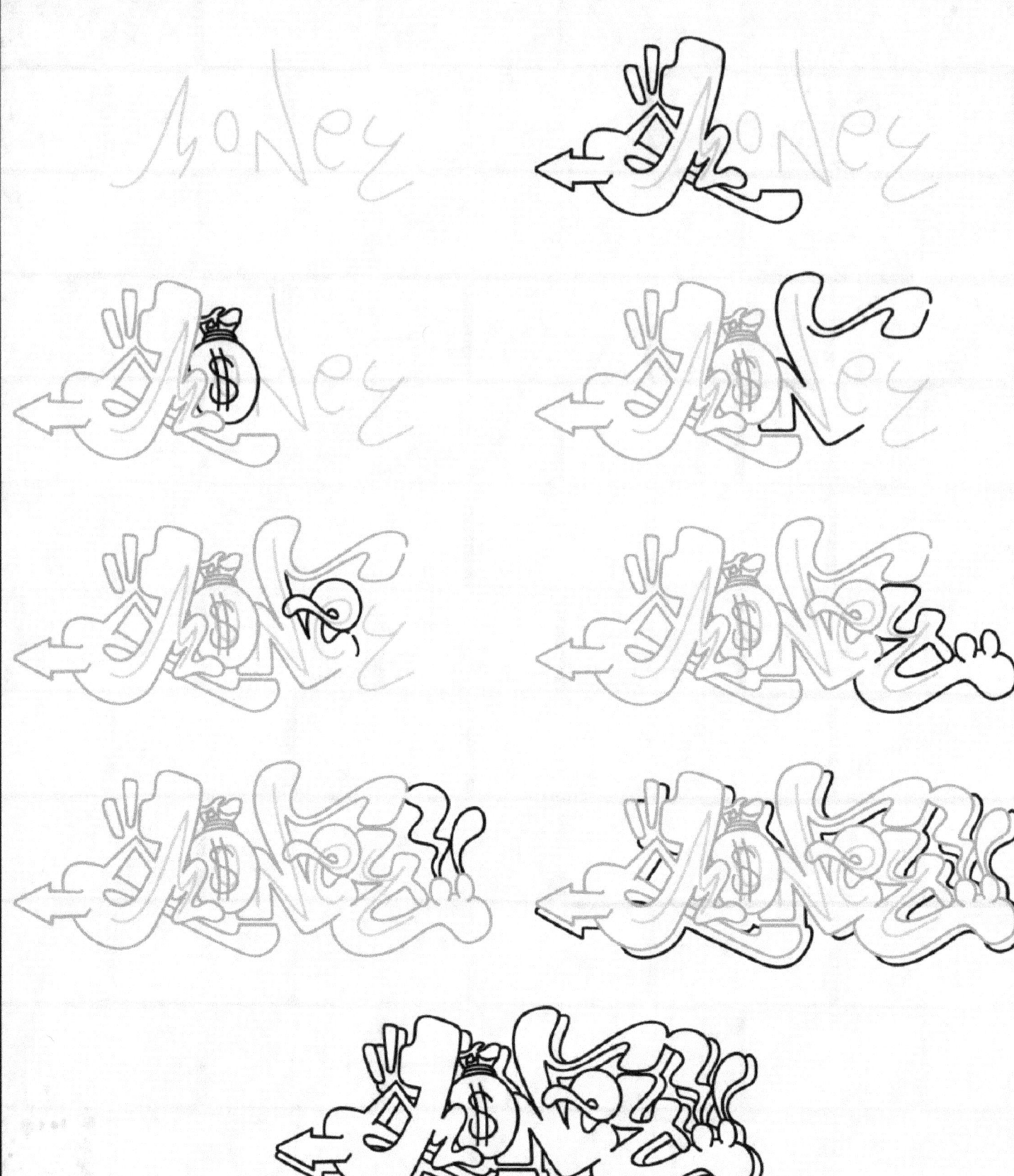

DU BIST DRAN!

SCHRITT FÜR SCHRITT LERNEN

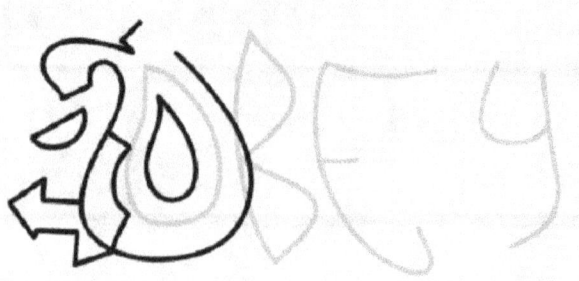

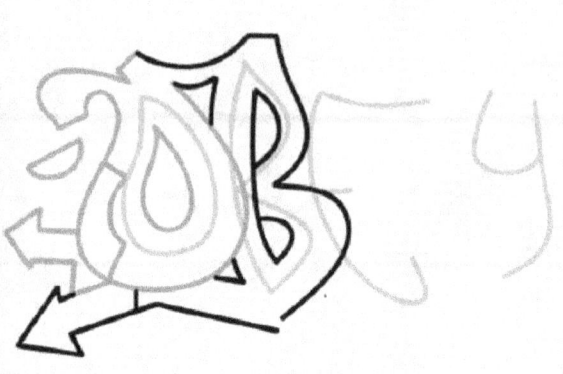

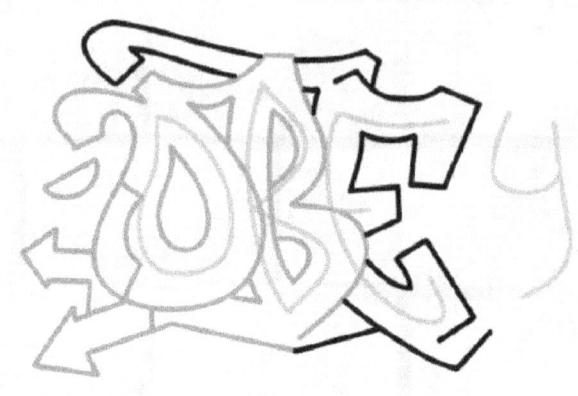

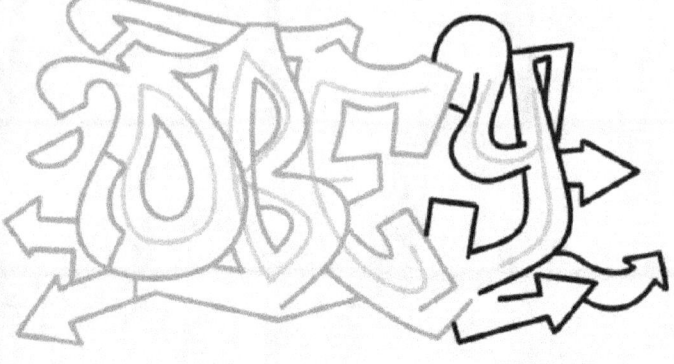

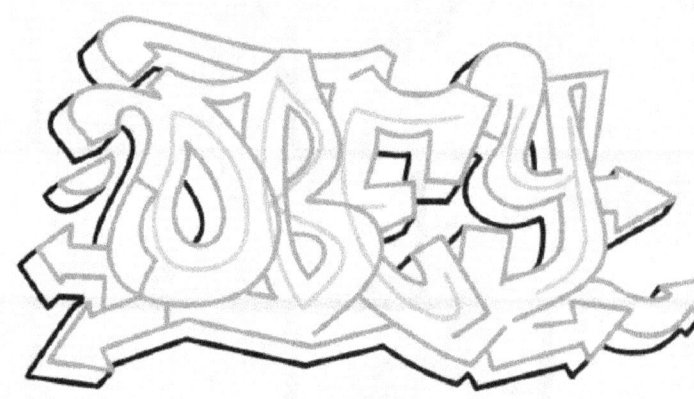

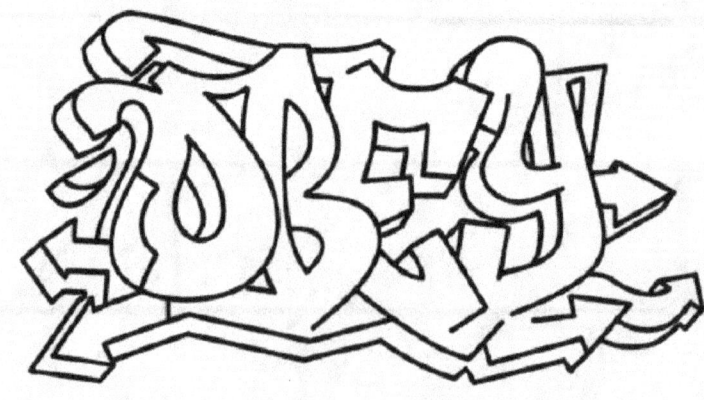

DU BIST DRAN!

SCHRITT FÜR SCHRITT LERNEN

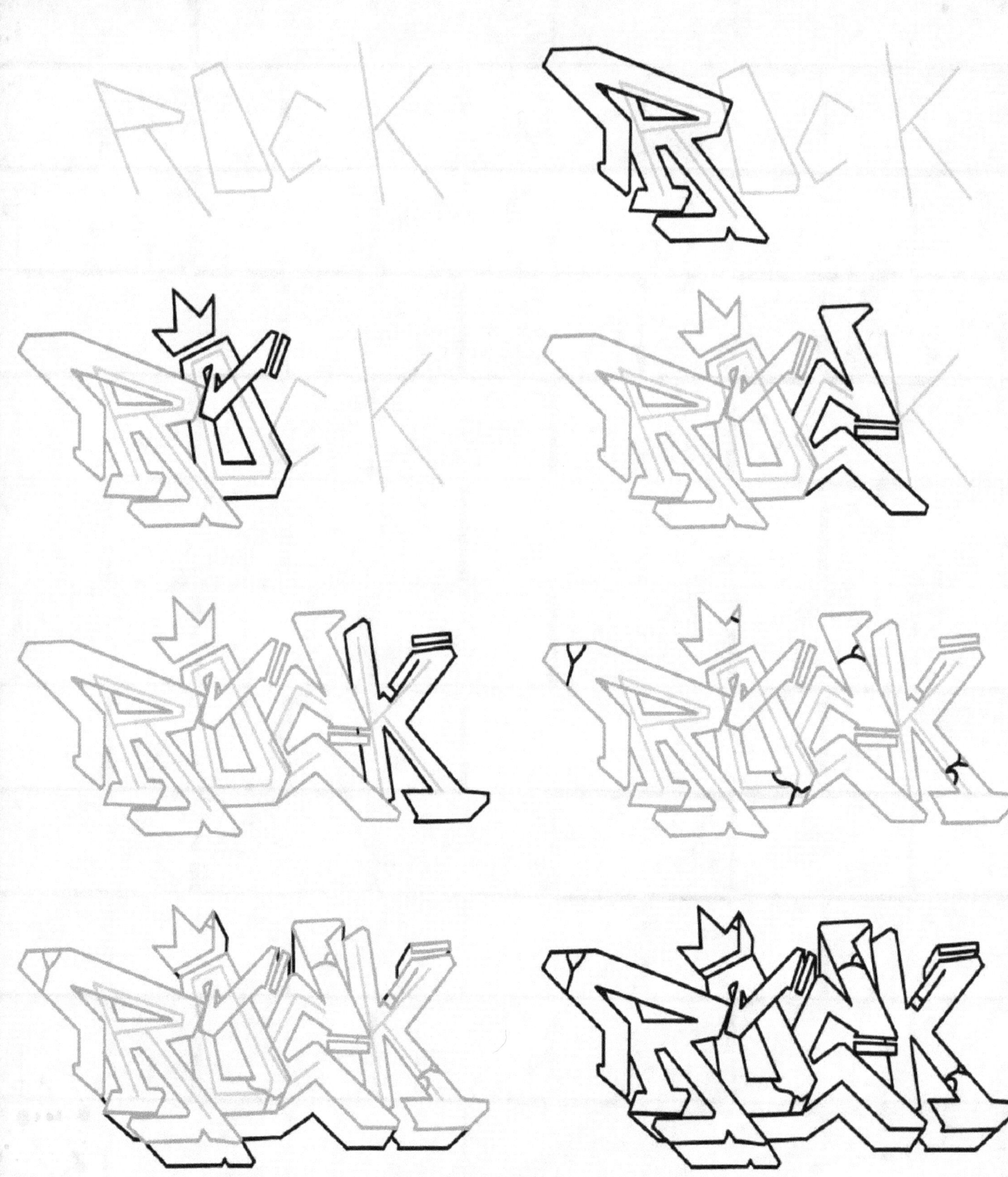

DU BIST DRAN!

SCHRITT FÜR SCHRITT LERNEN

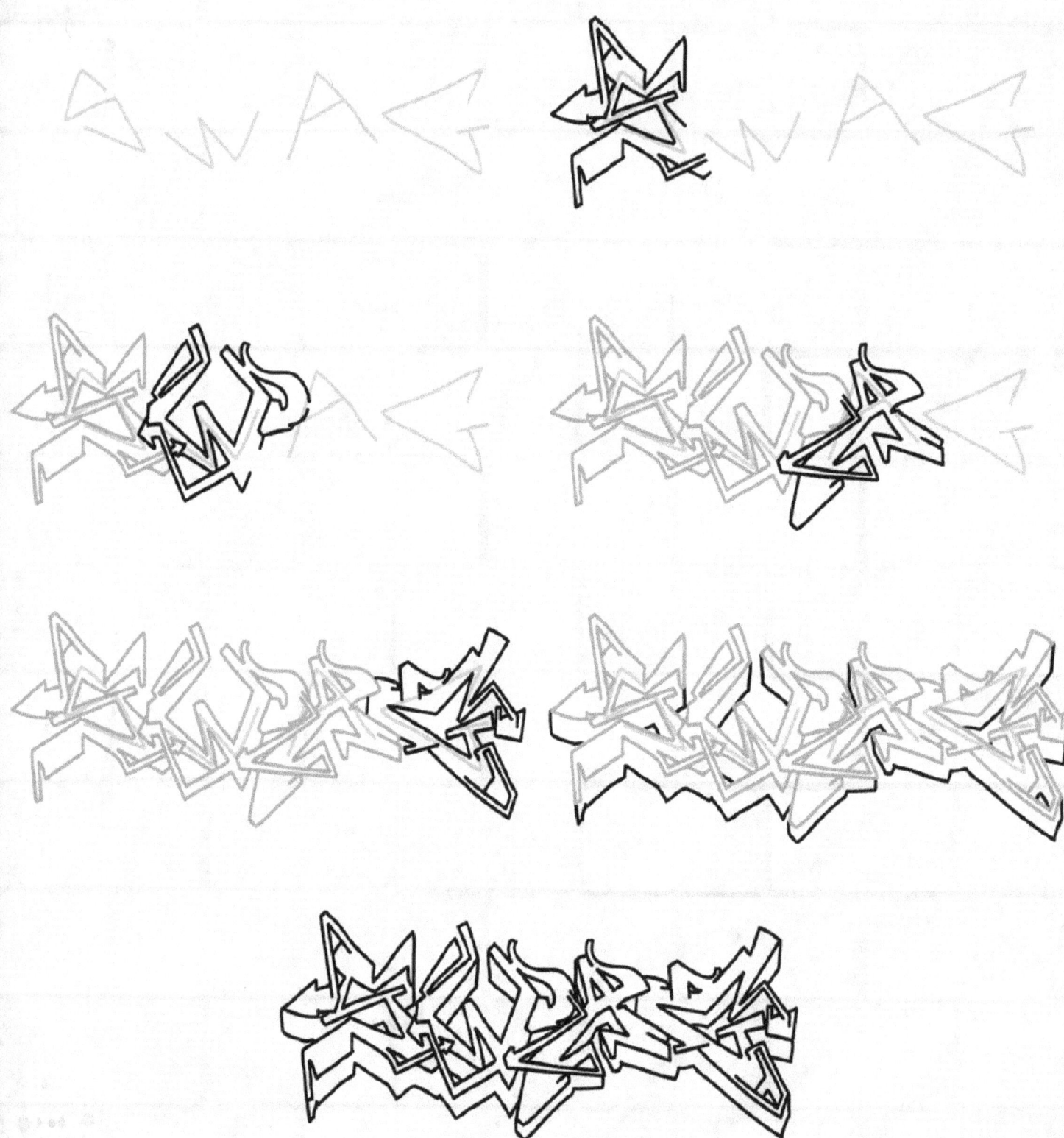

SCHRITT FÜR SCHRITT LERNEN

DU BIST DRAN!

SCHRITT FÜR SCHRITT LERNEN

DU BIST DRAN!

SCHRITT FÜR SCHRITT LERNEN

DU BIST DRAN!

ABC STIL 01

ABCDEF
GHIJKL
MNOPQR
STUVWX
YZ

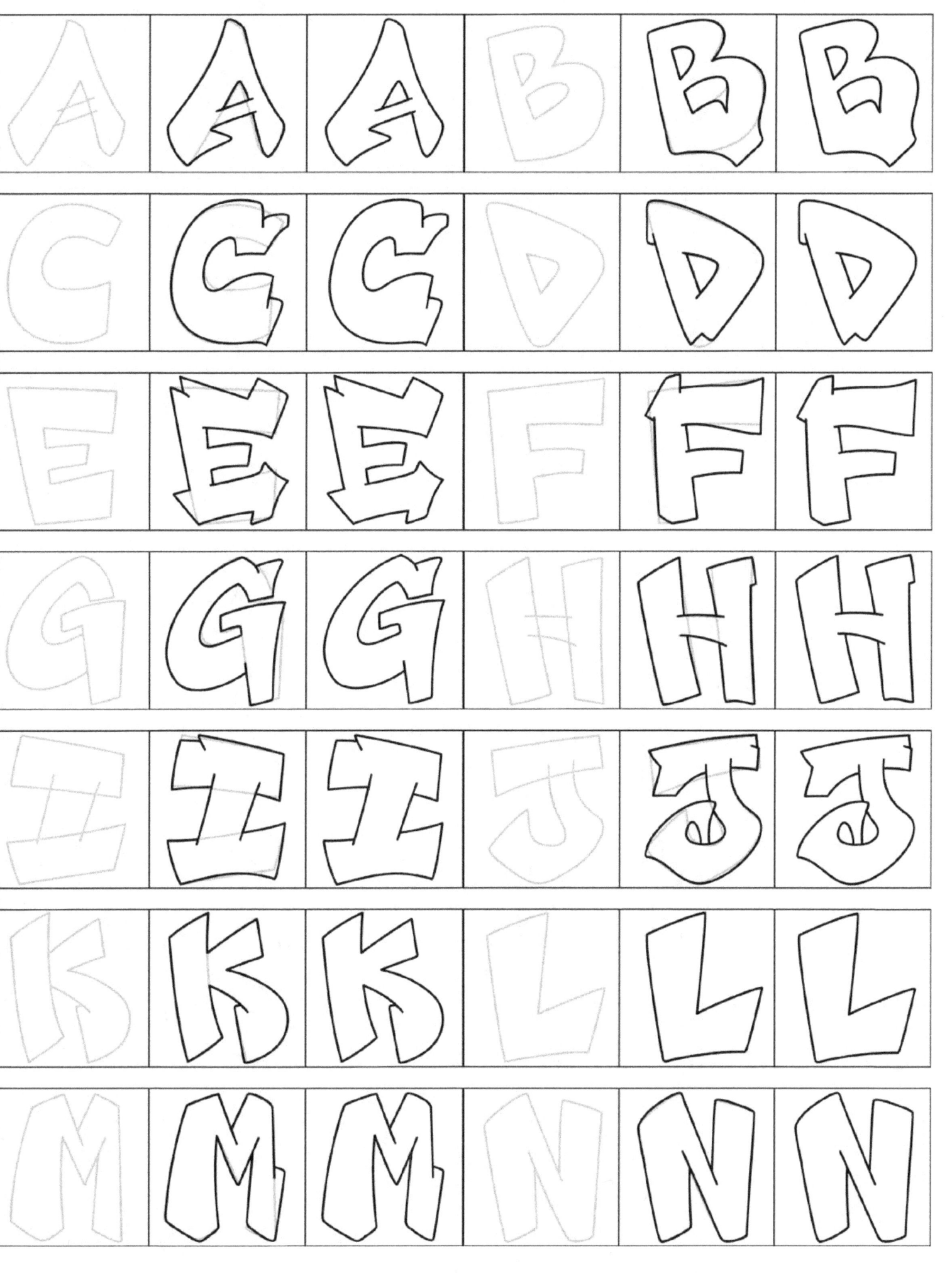

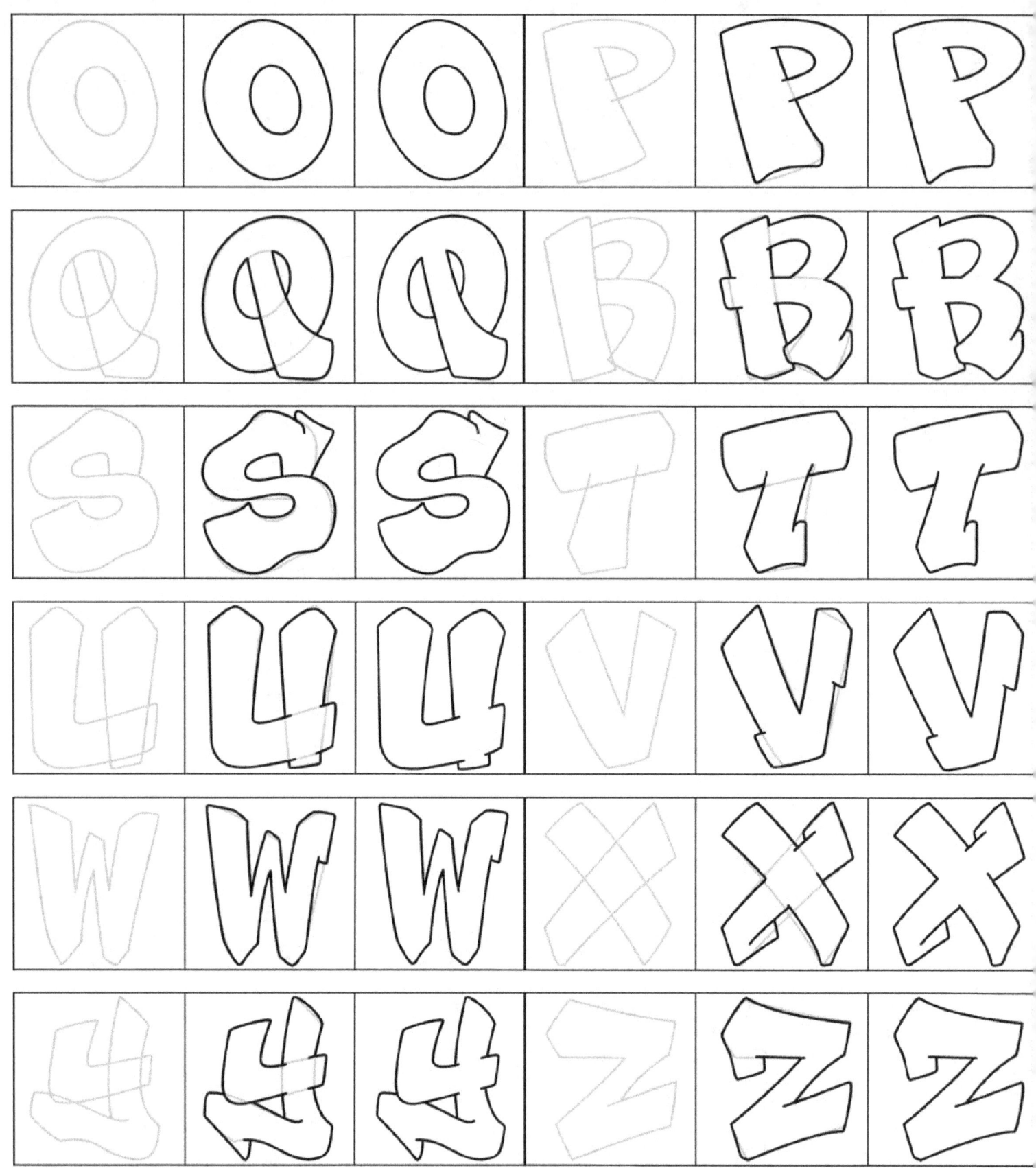

ABC STIL 02

ABCDEF
GHIJKL
MNOPQR
STUVWX
YZ

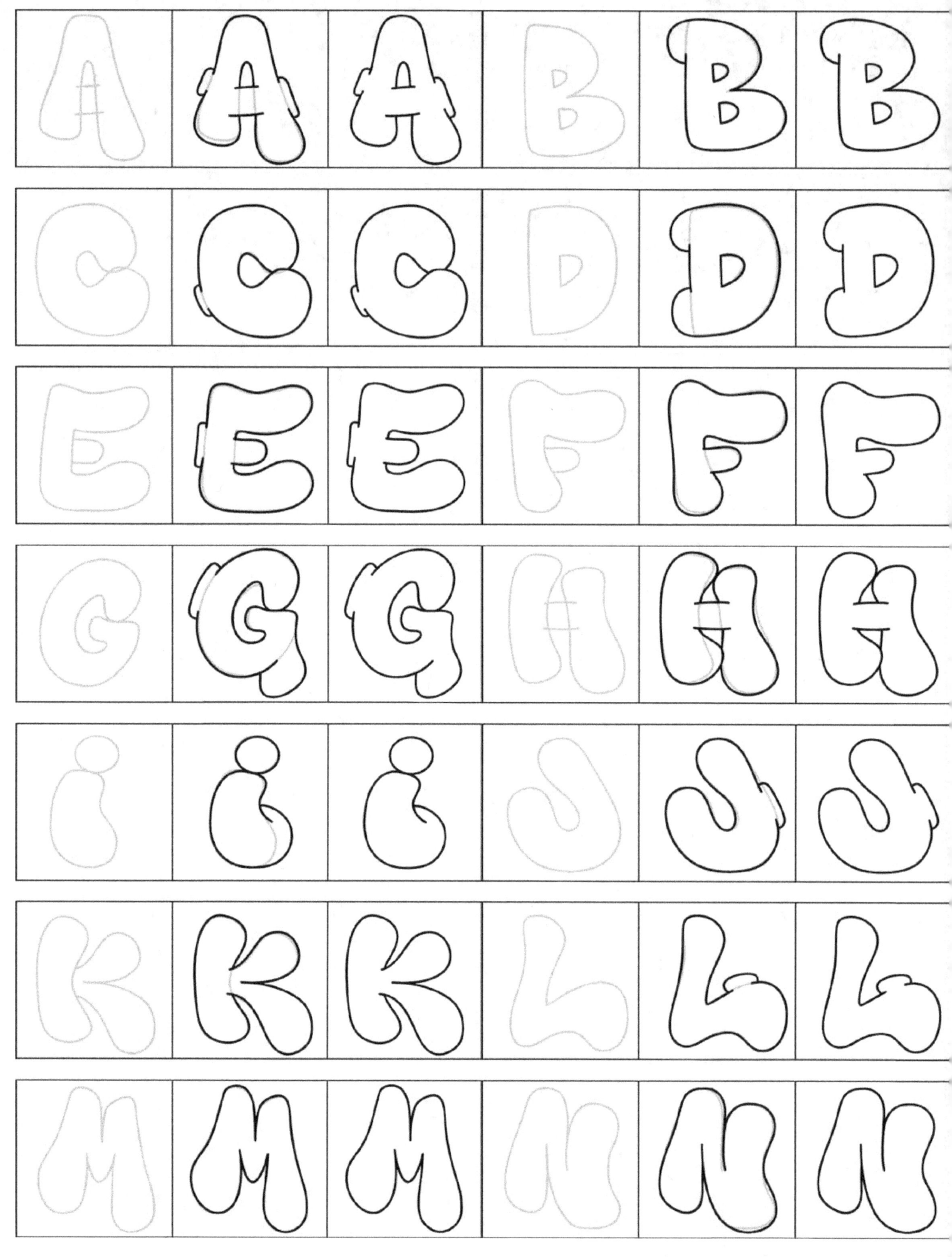

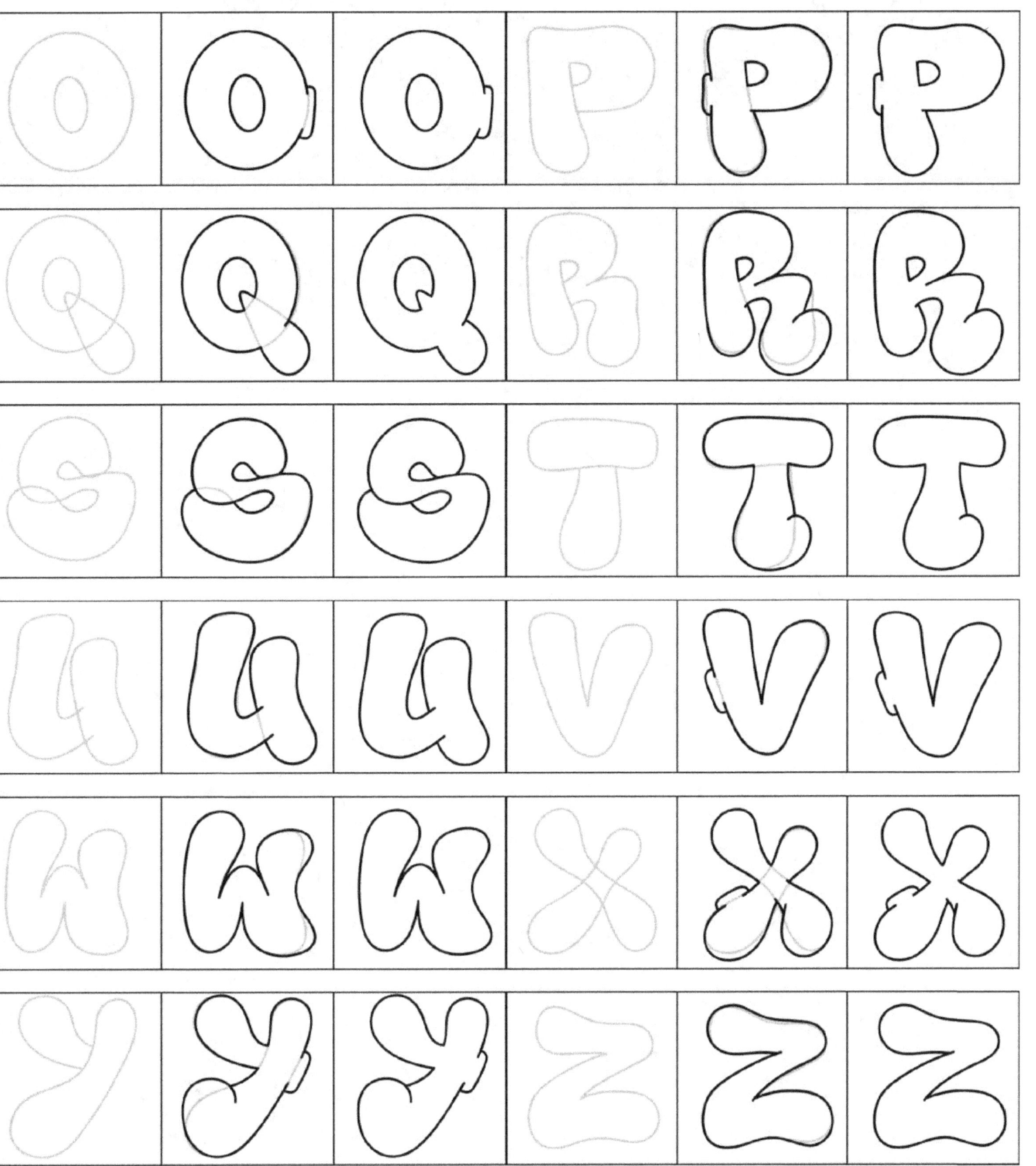

ABC STIL 03

A B C D E
G H I J K L
M N O P Q R
S T U V W X
Y Z

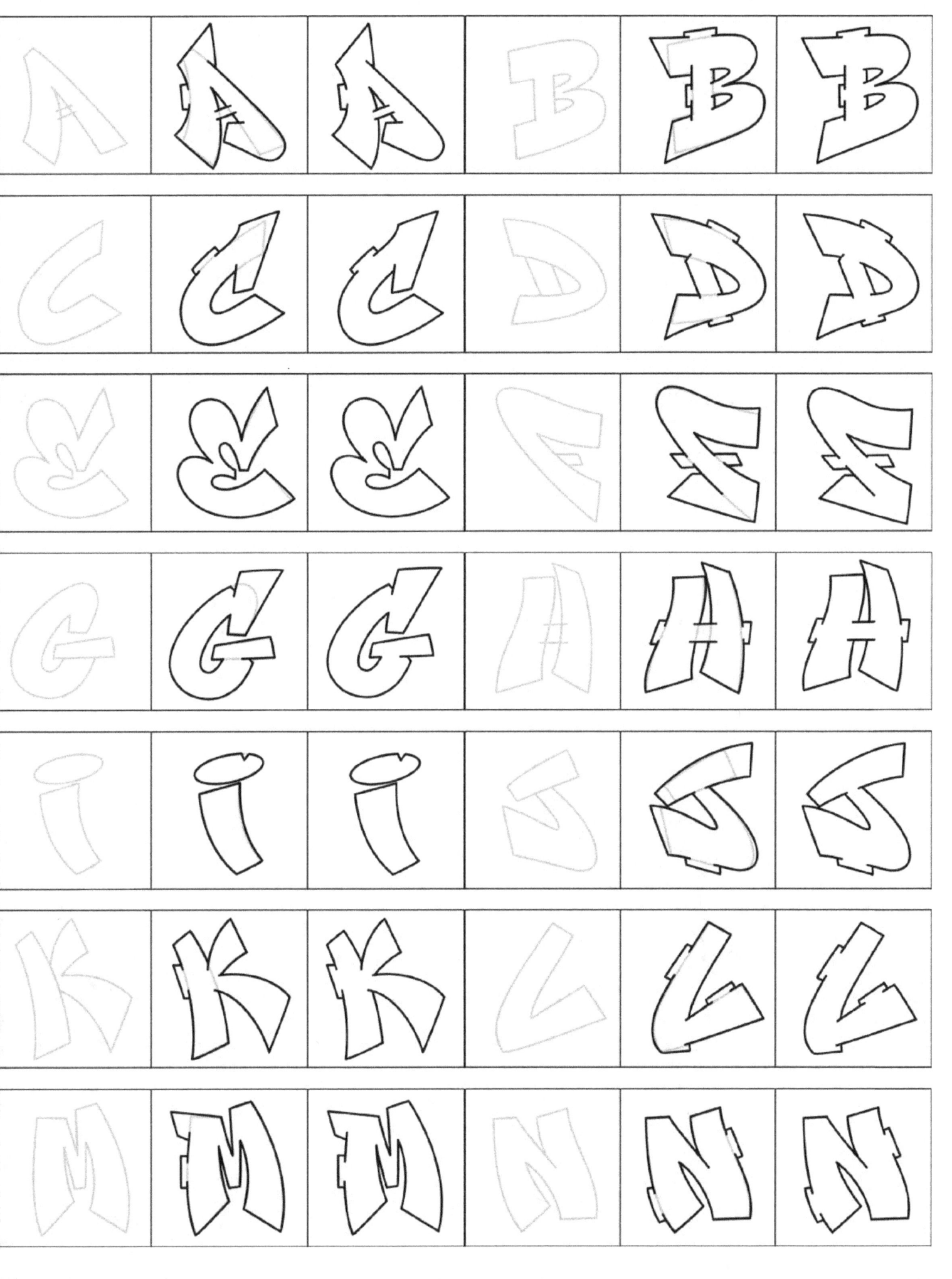

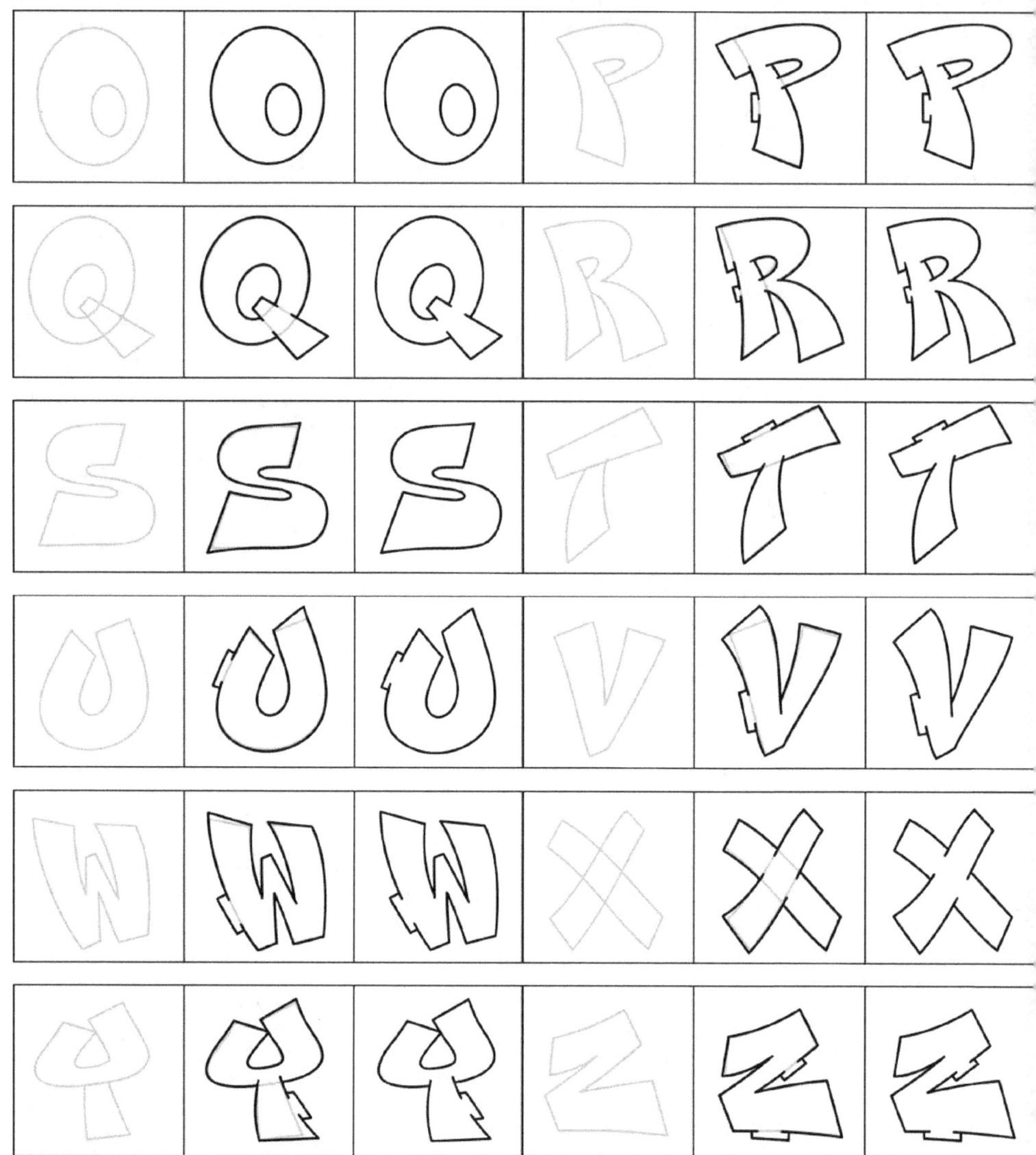

ABC STIL 04

ABCDEF
GHIJKL
MNOPQR
STUVWX
YZ

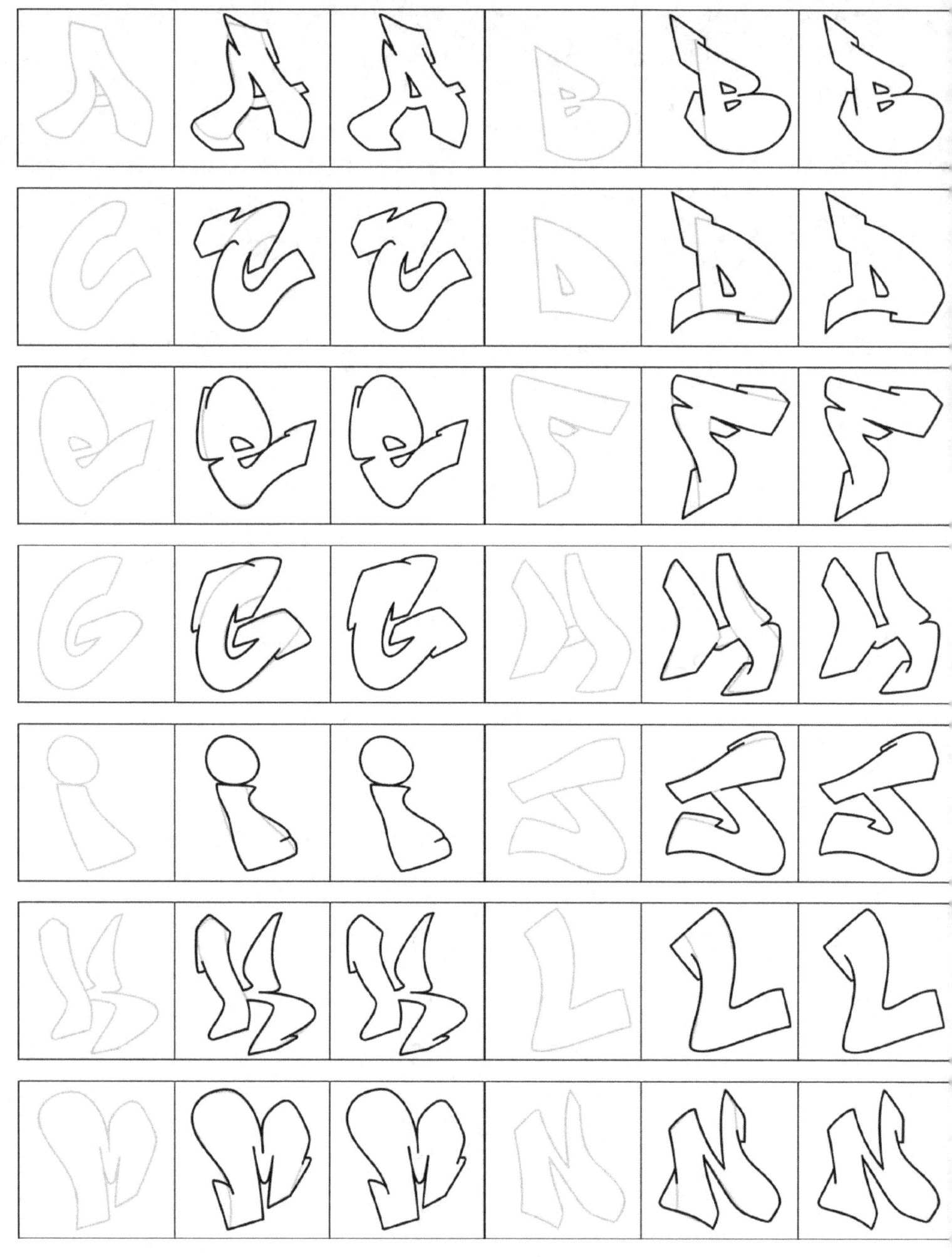

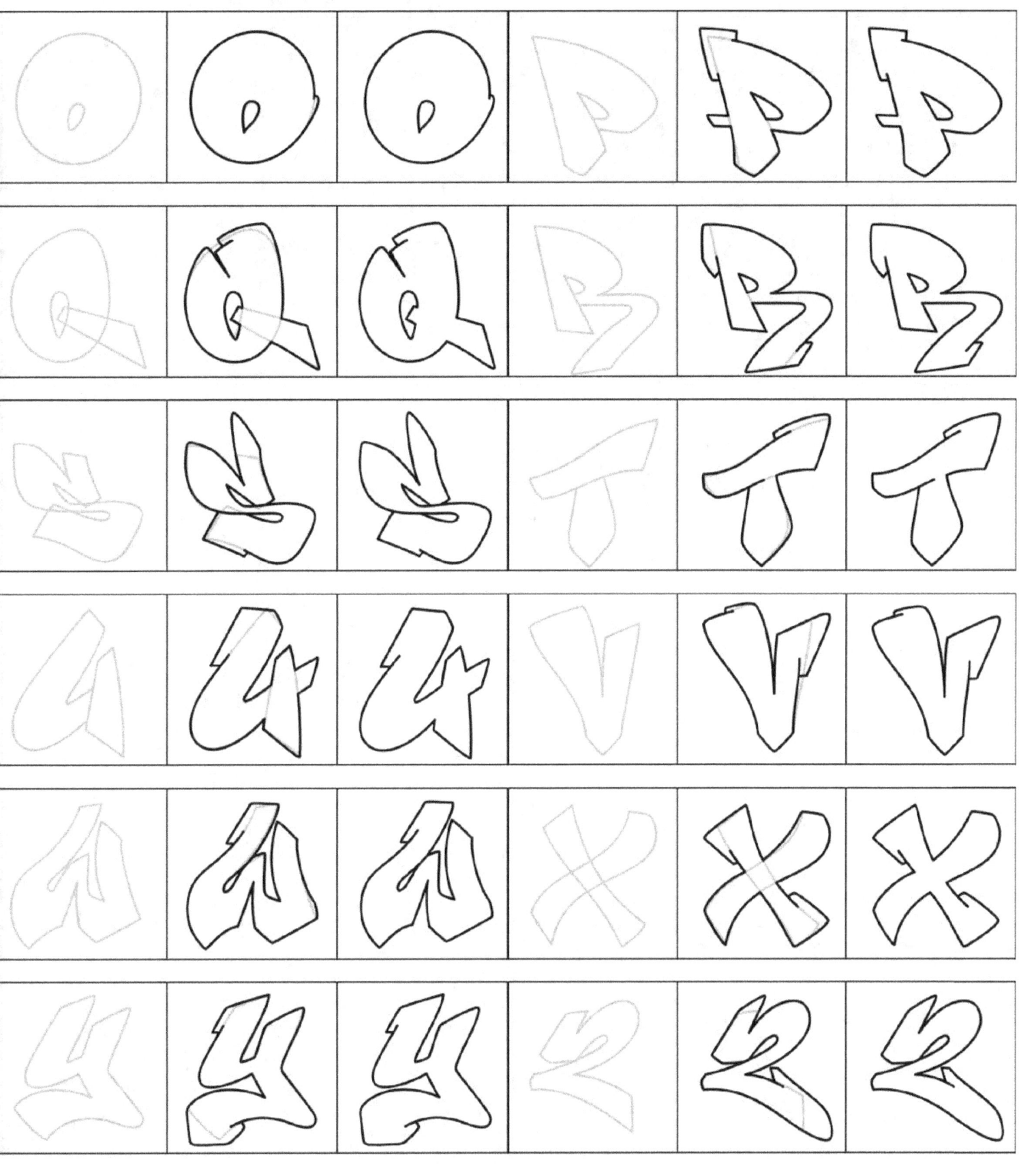

ABC STIL 05

ABCDEF
GHIJKL
MNOPQR
STUVWX
YZ

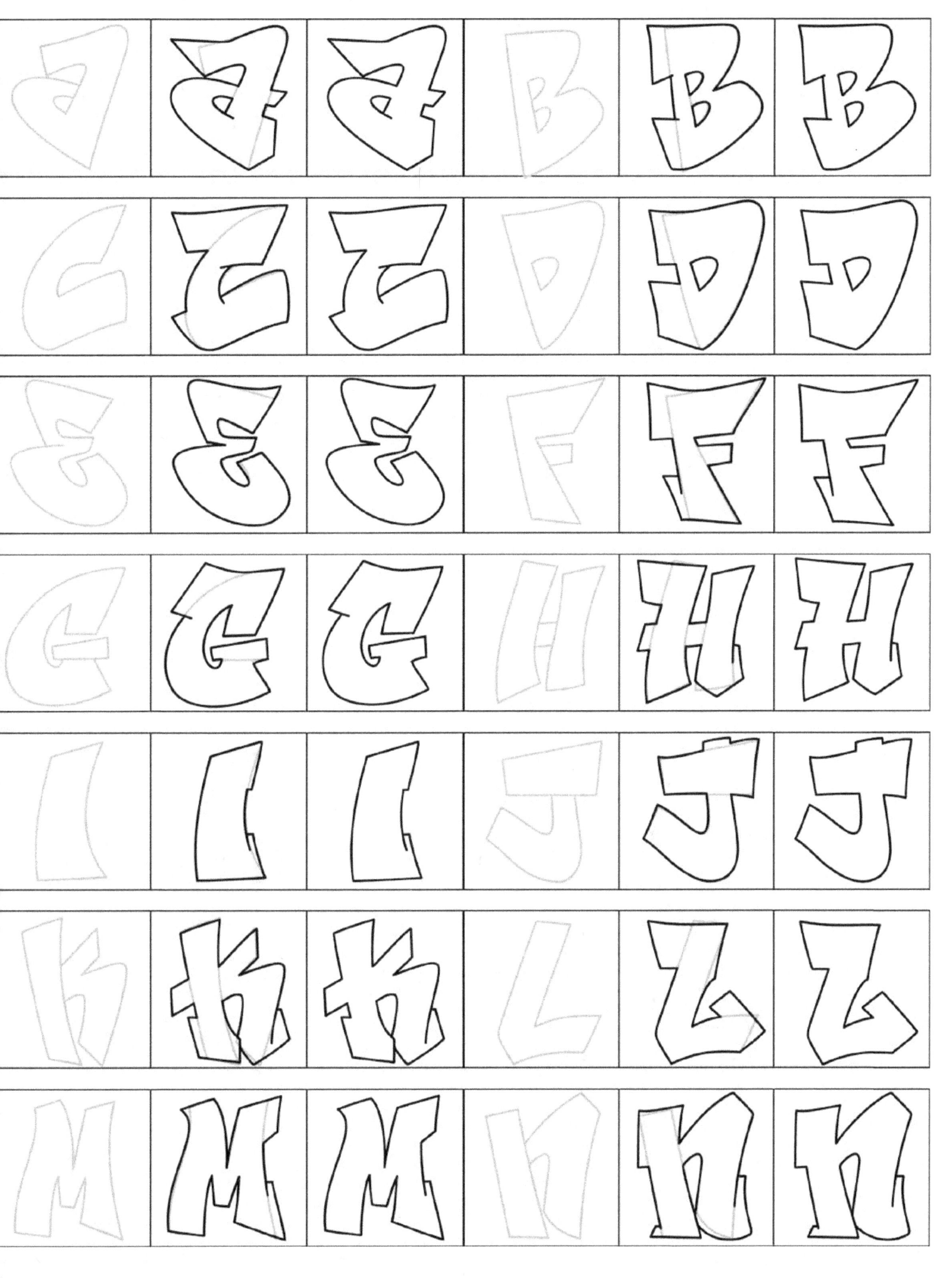

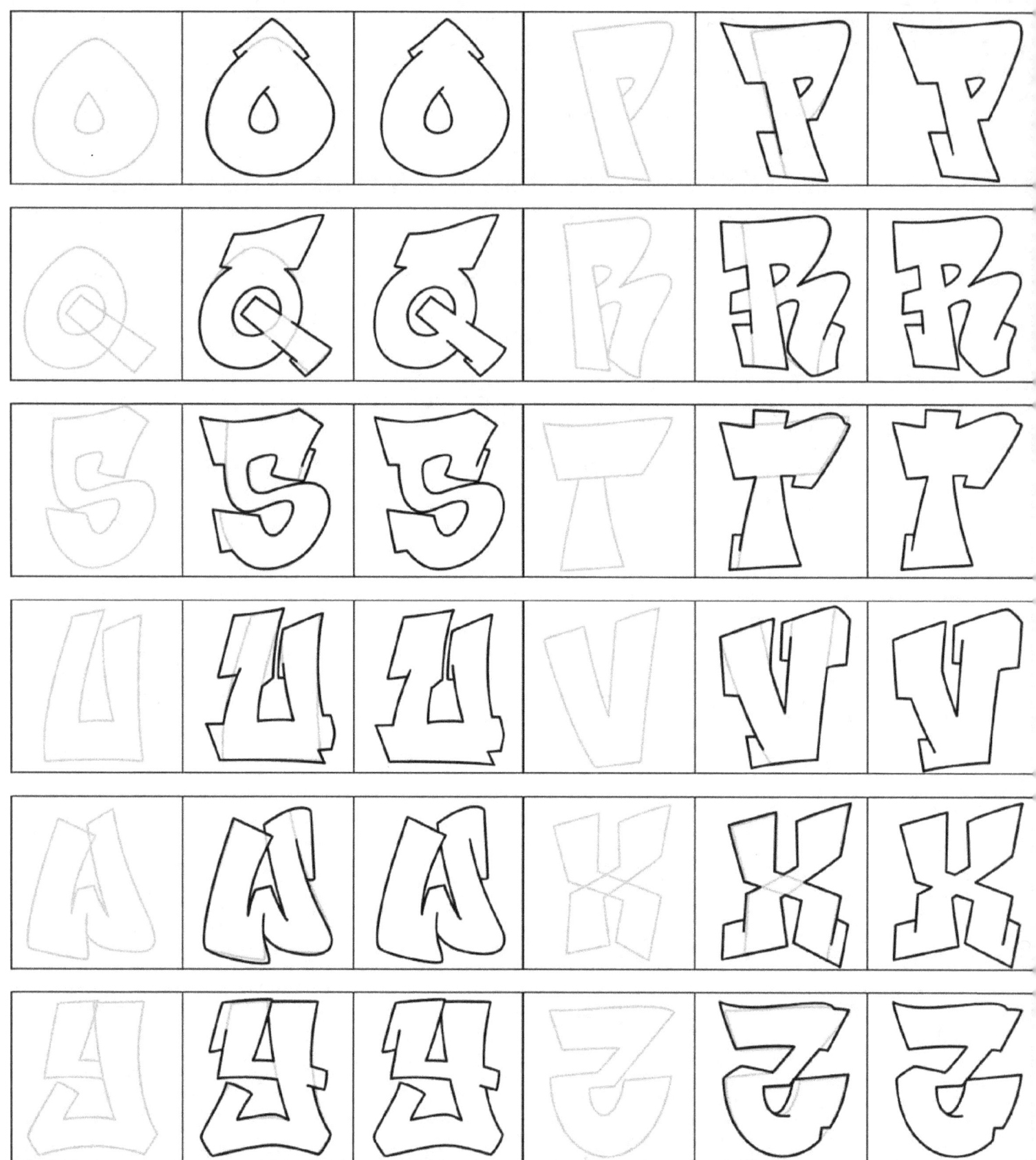

ABC STIL 06

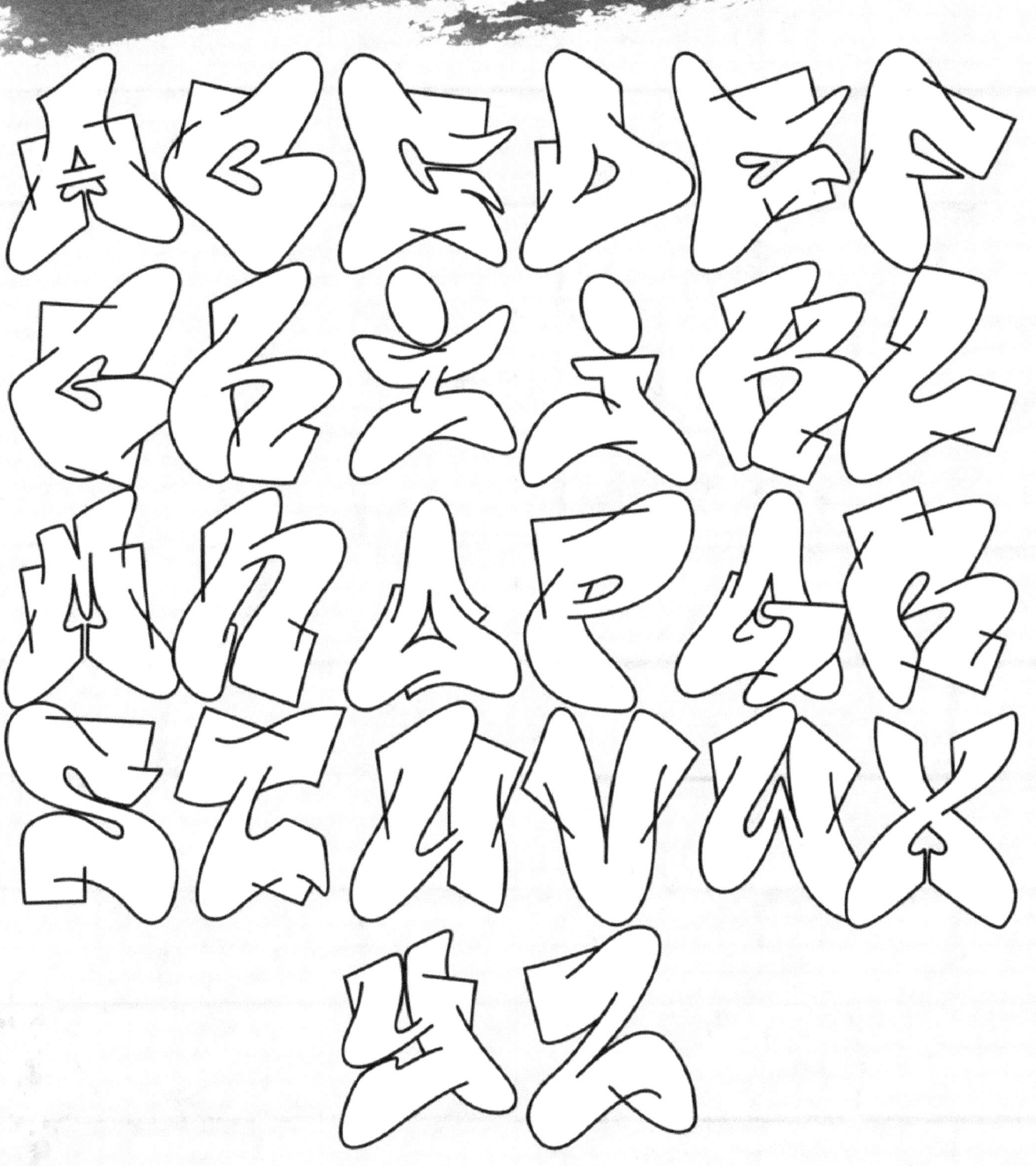

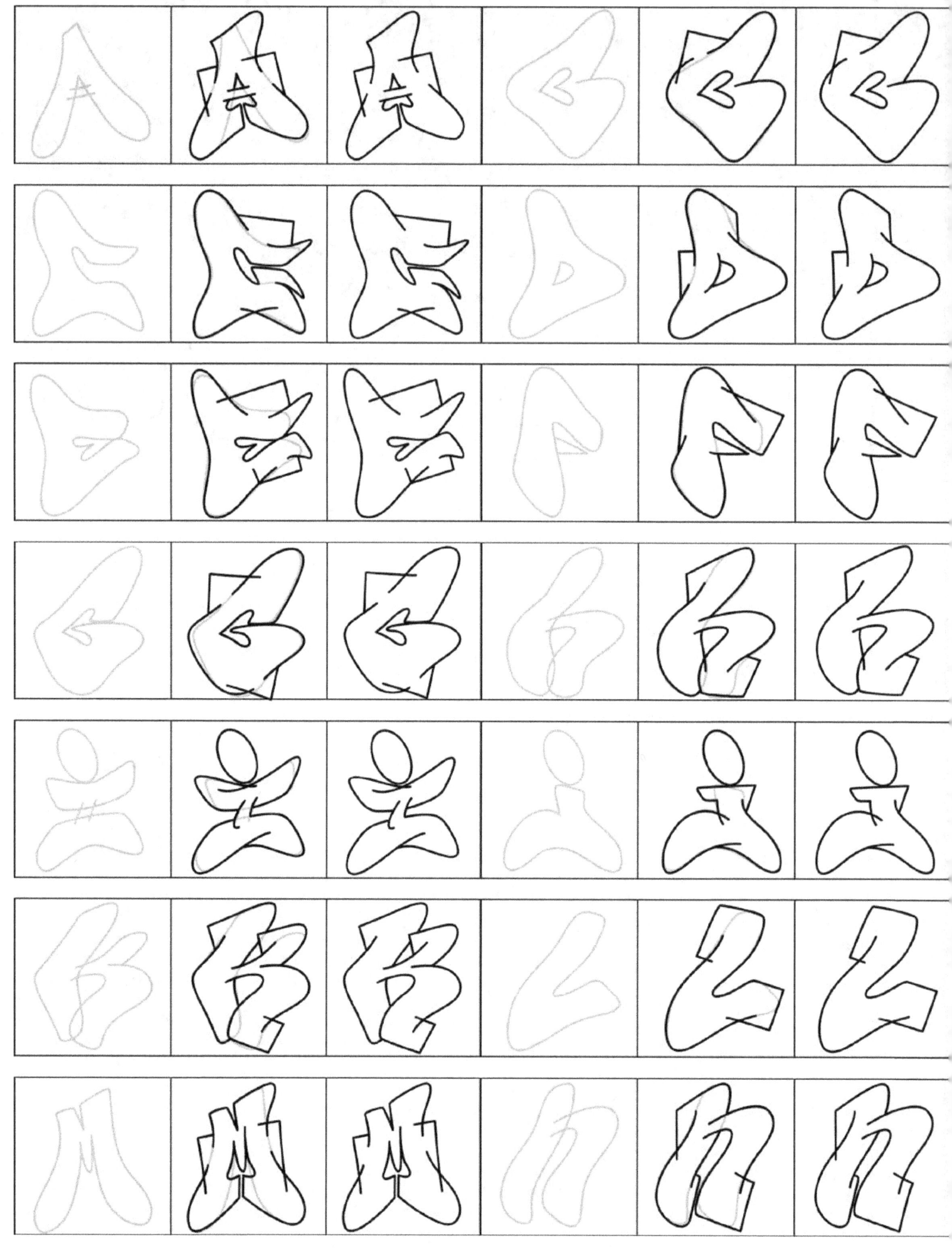

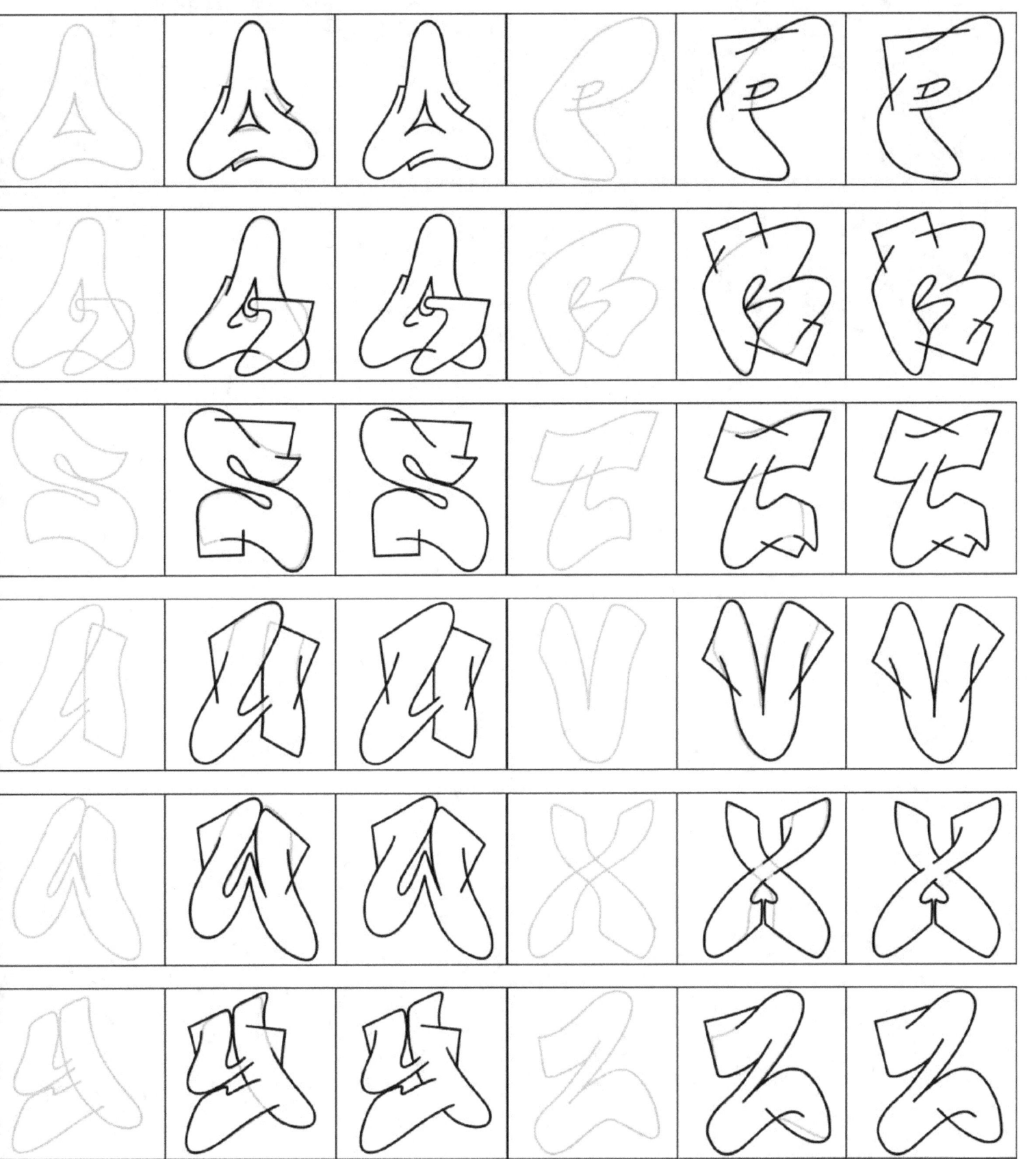

ABC STIL 07

ABCDEF
GHIJKL
MNOPQR
STUVWX
YZ

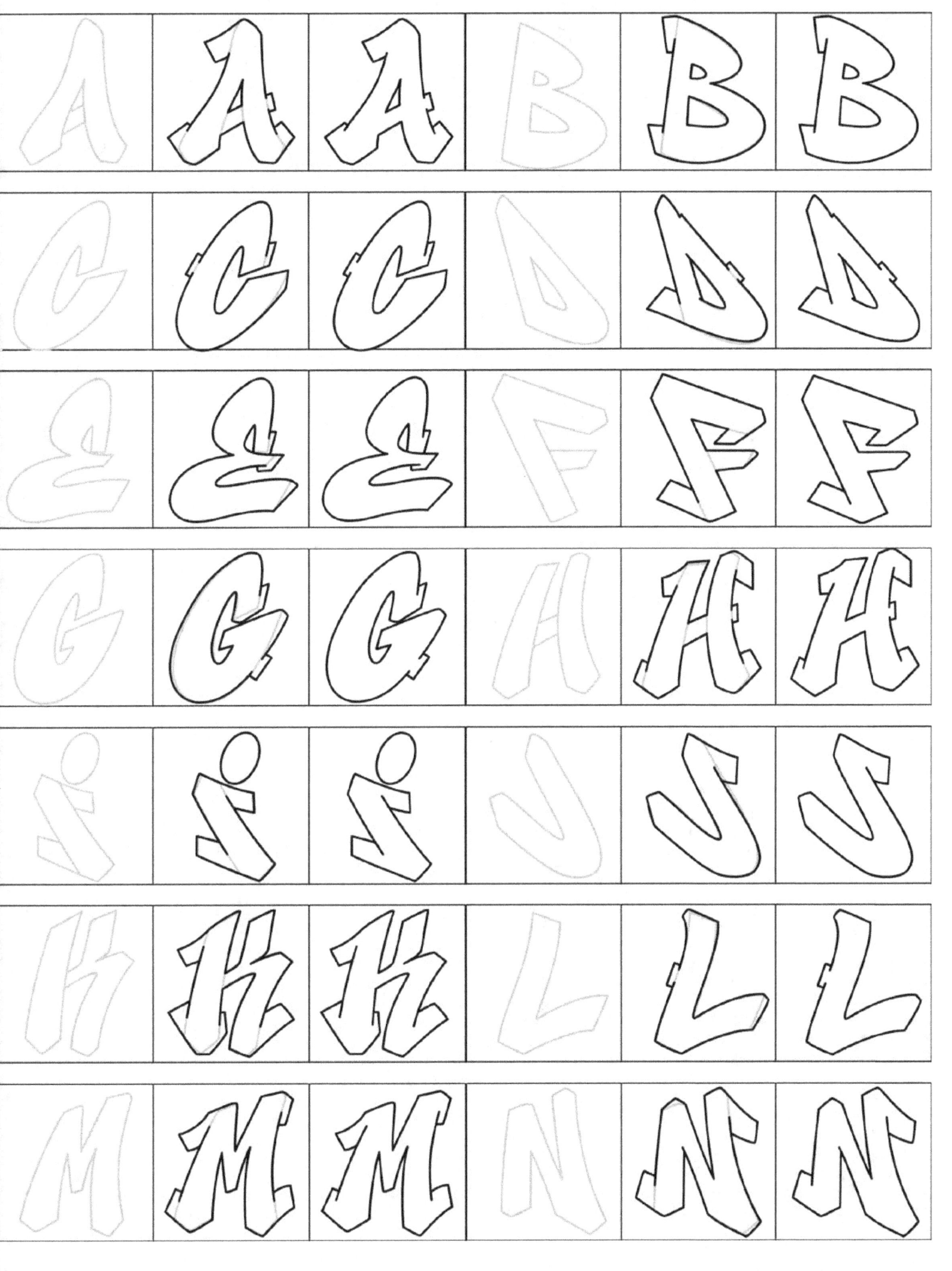

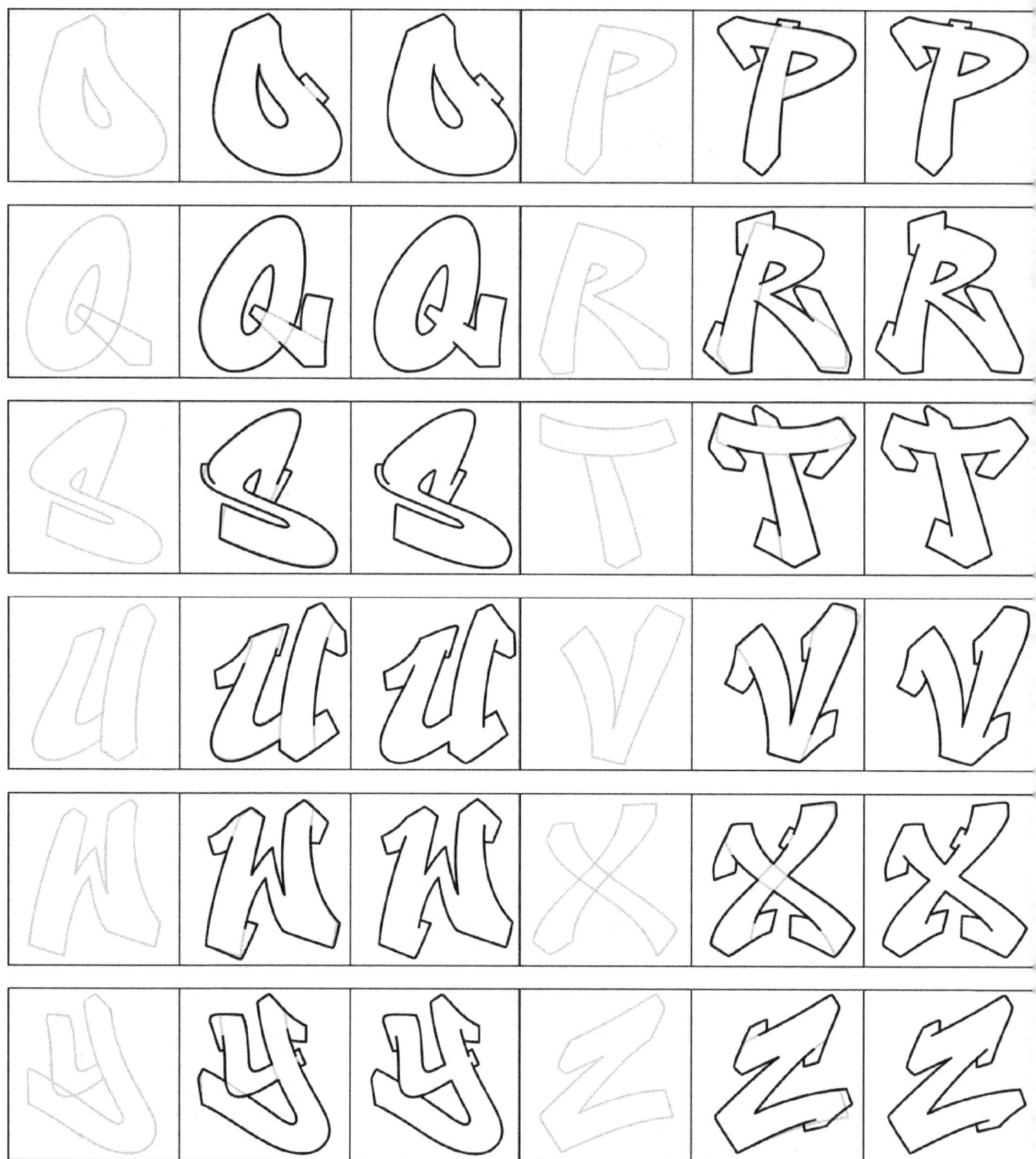

ABC STIL 08

ABCDEF
GHIJKL
MNOPQR
STUVWX
YZ

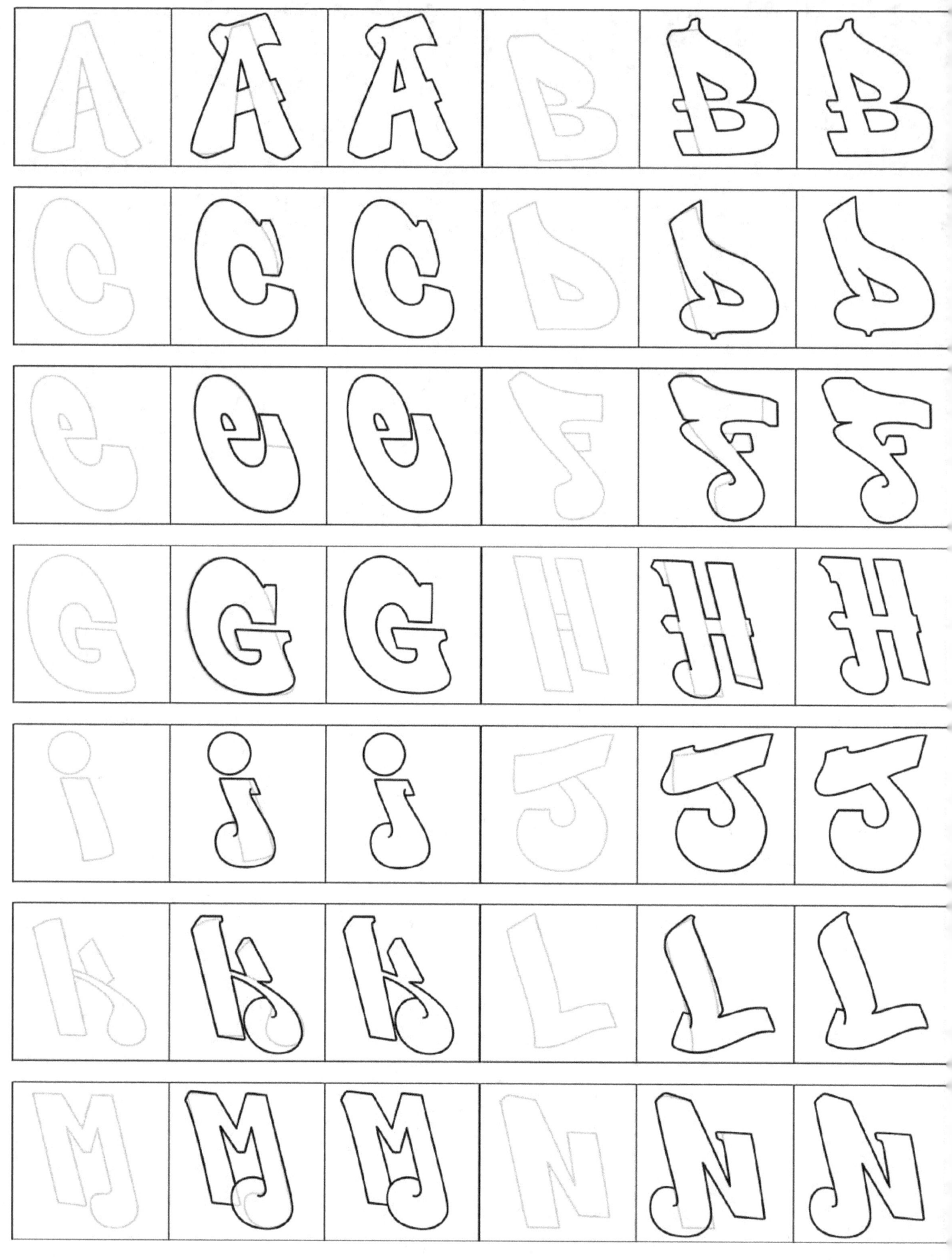

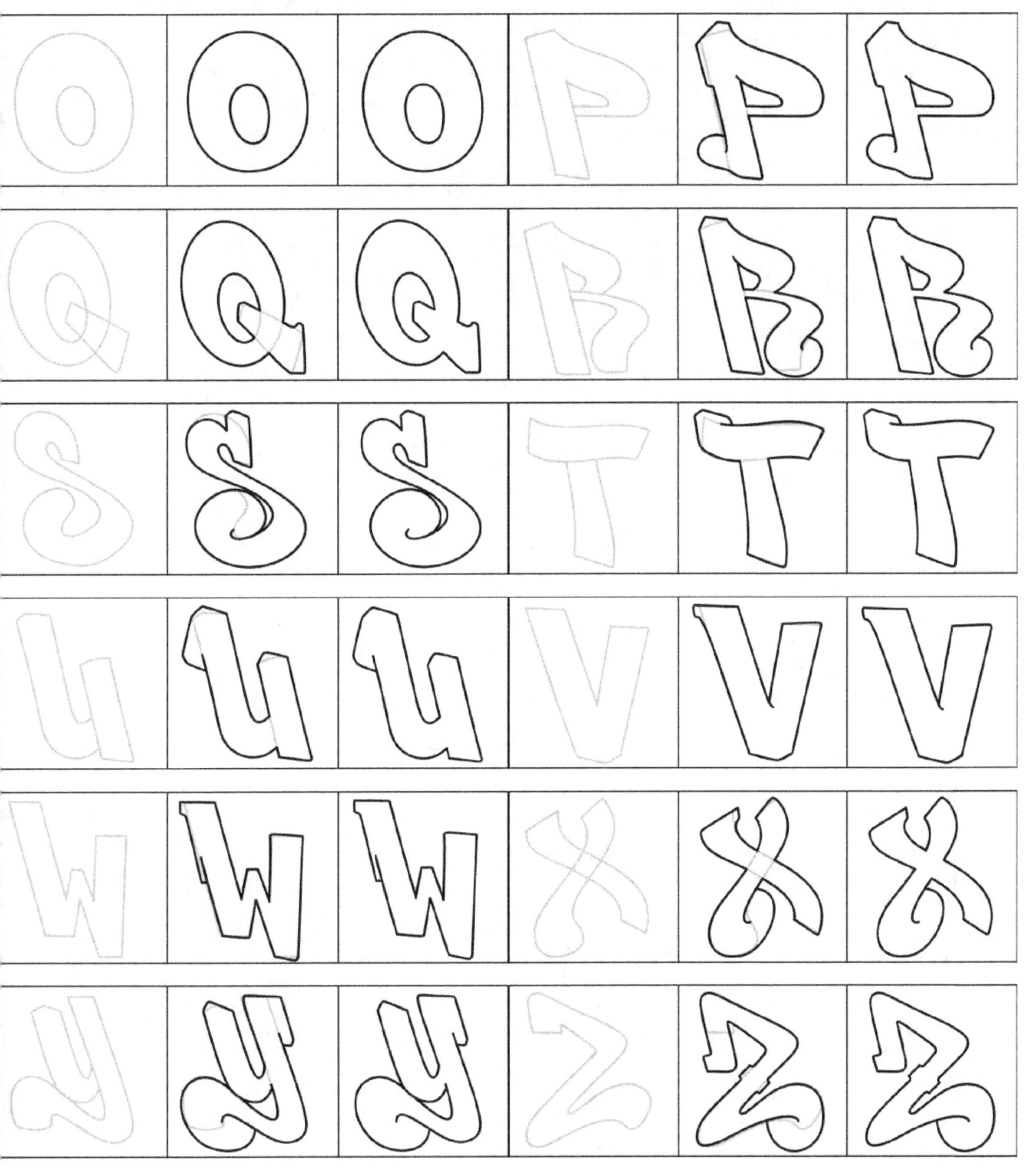

ABC STIL 09

ABCDEF
GHIJKL
MNOPQR
STUVWX
YZ

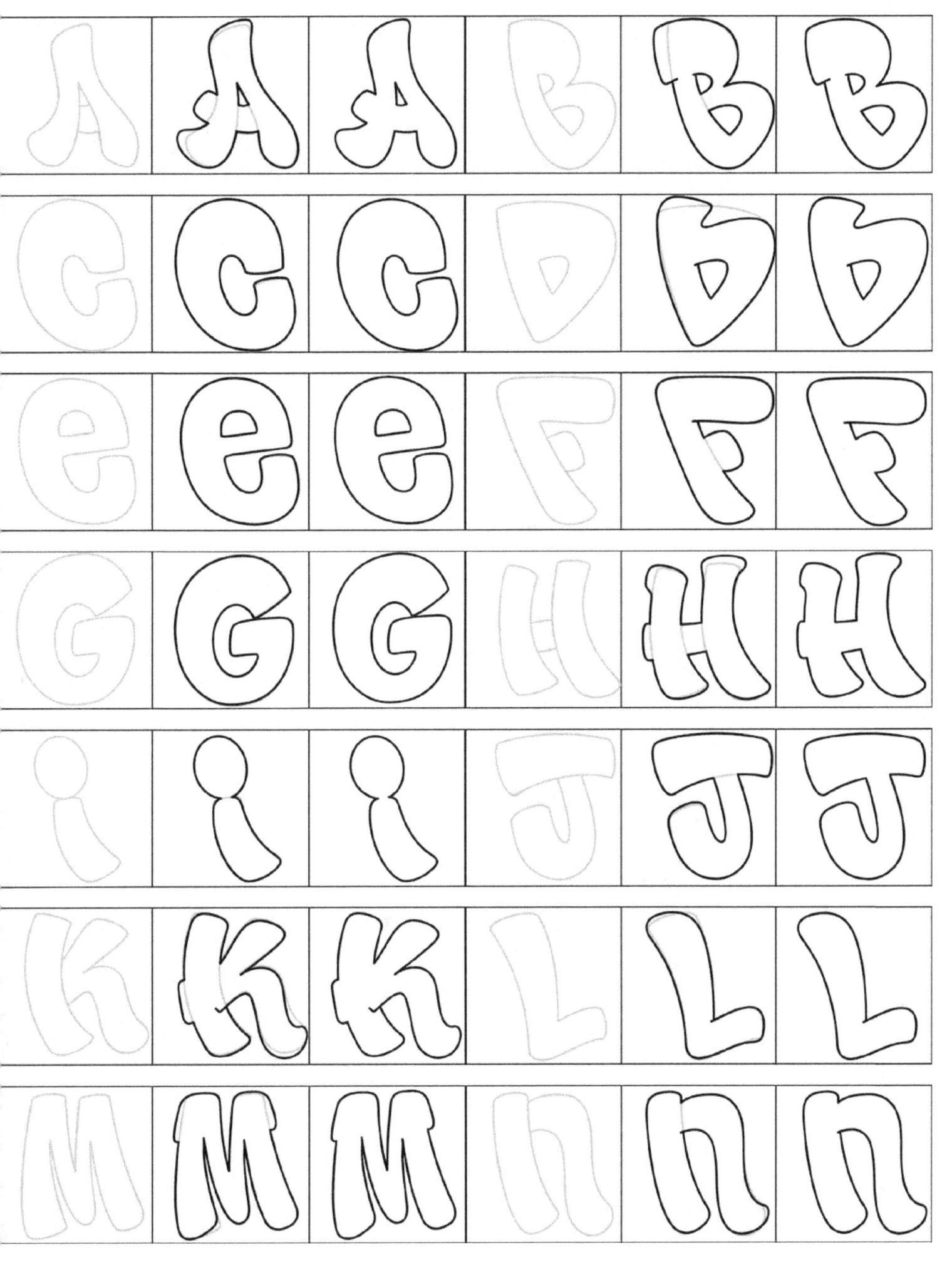

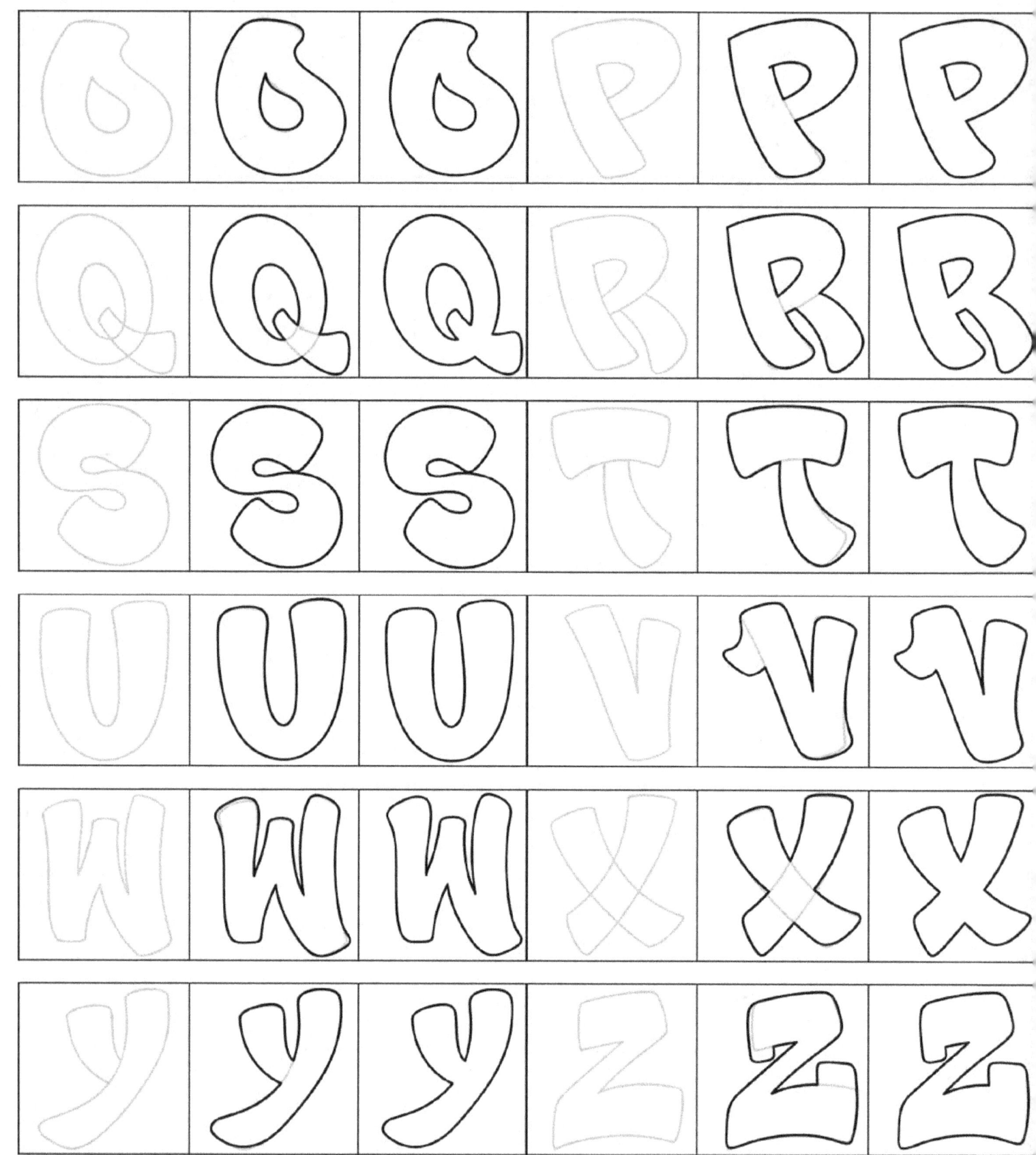

ABC STIL 10

ABCDEF
GHIJKL
MNOPQR
STUVWX
YZ

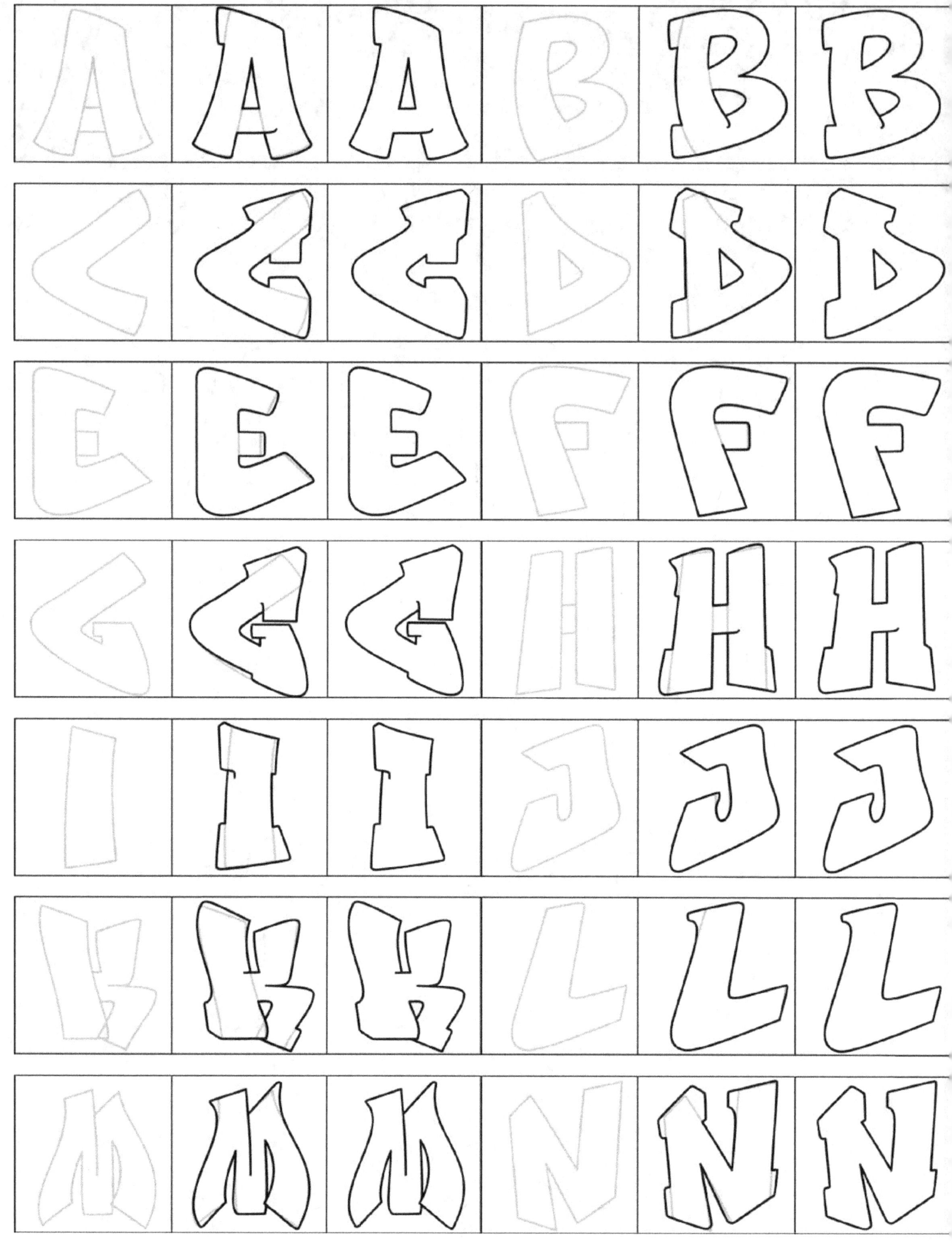

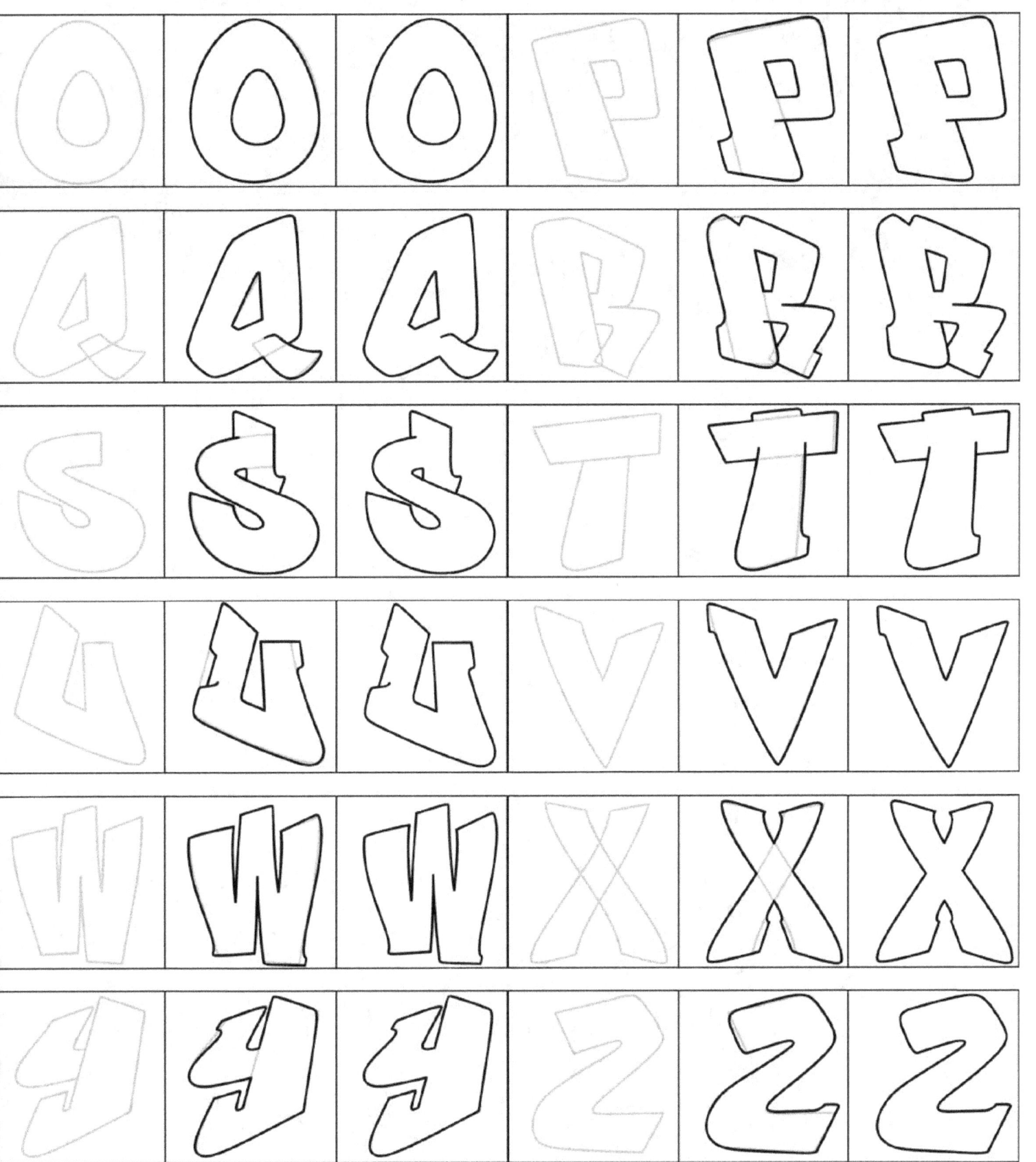

ABC STIL 11

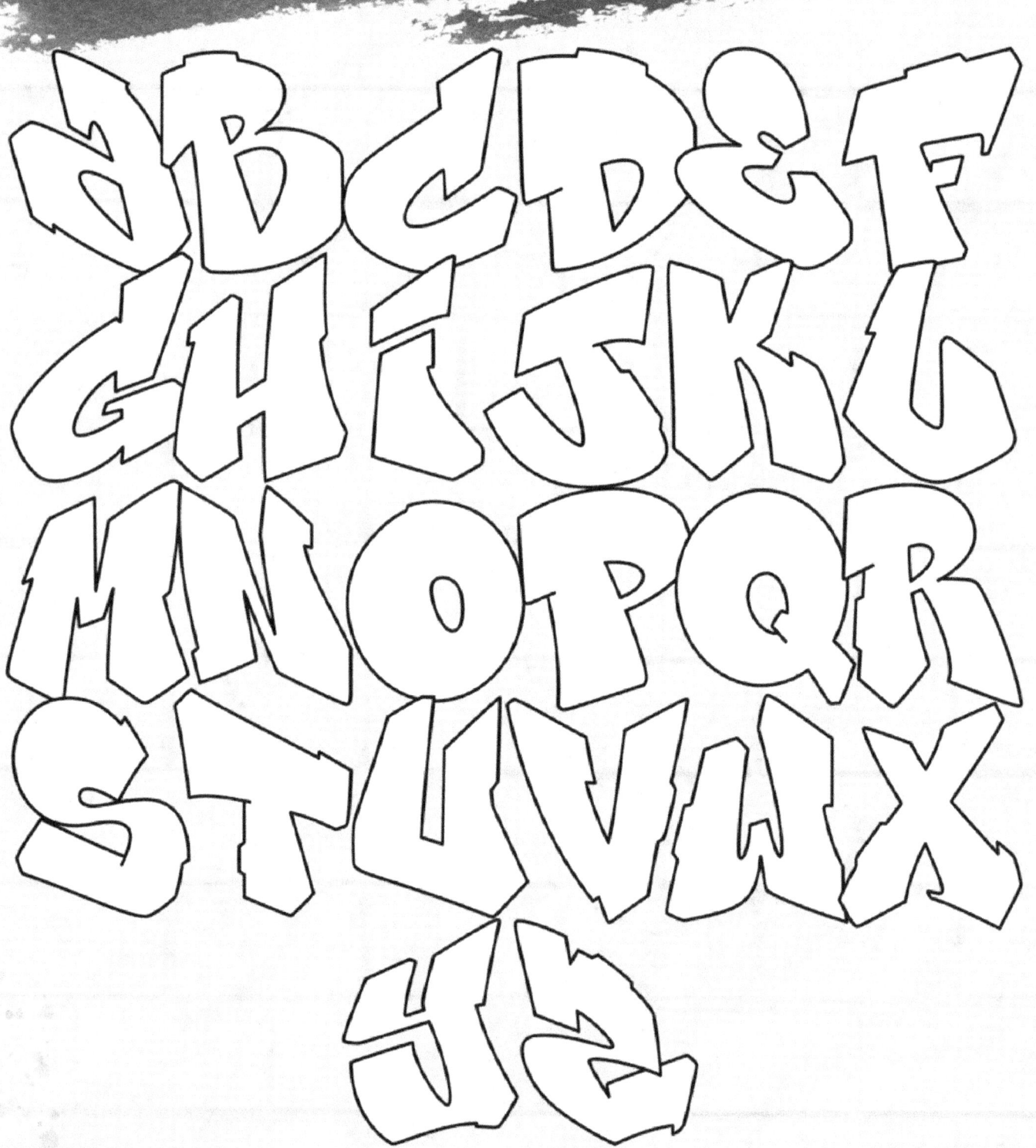

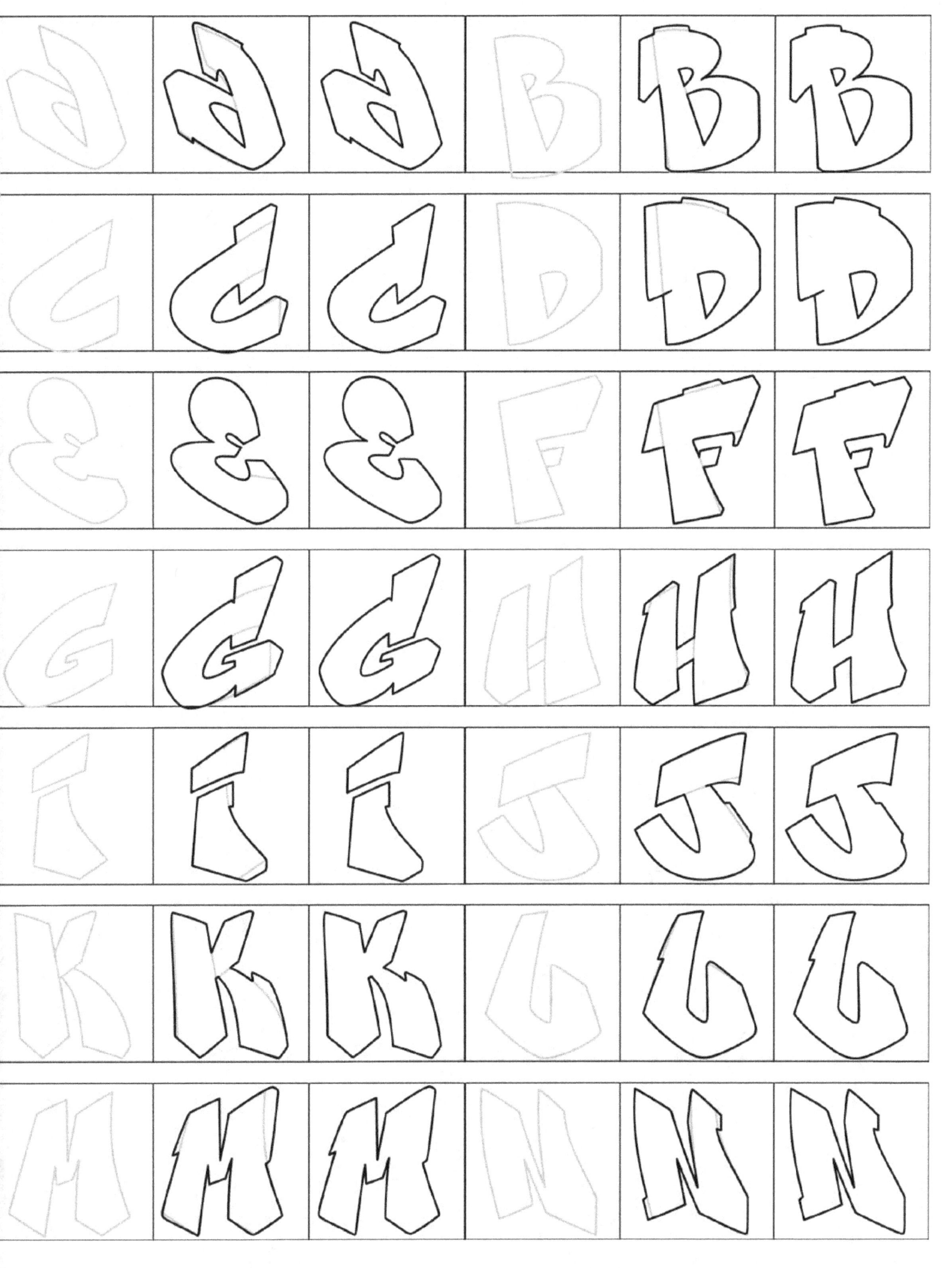

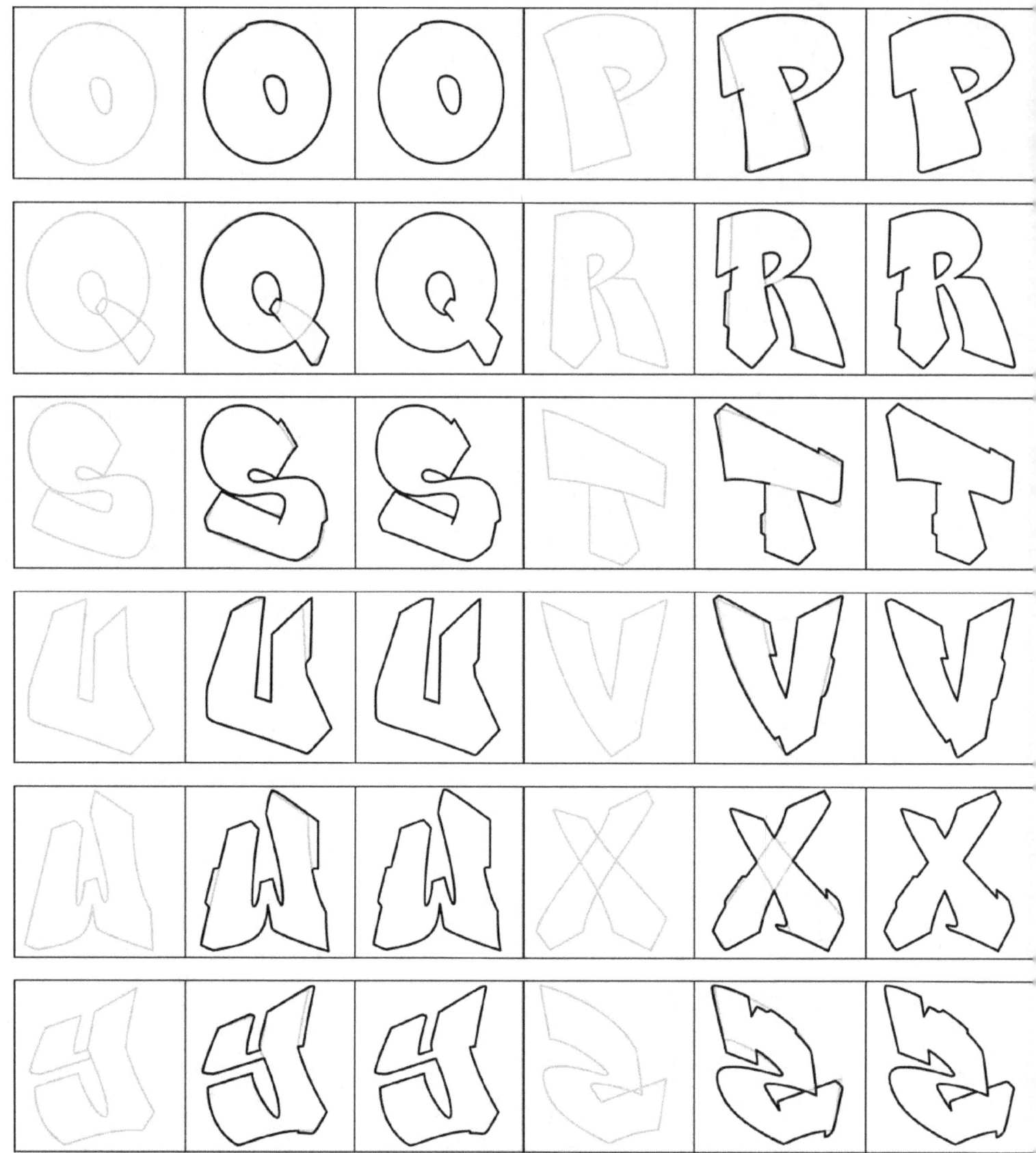

ABC STIL 12

ABCDEF
GHIJKL
MNOPQR
STUVWX
YZ

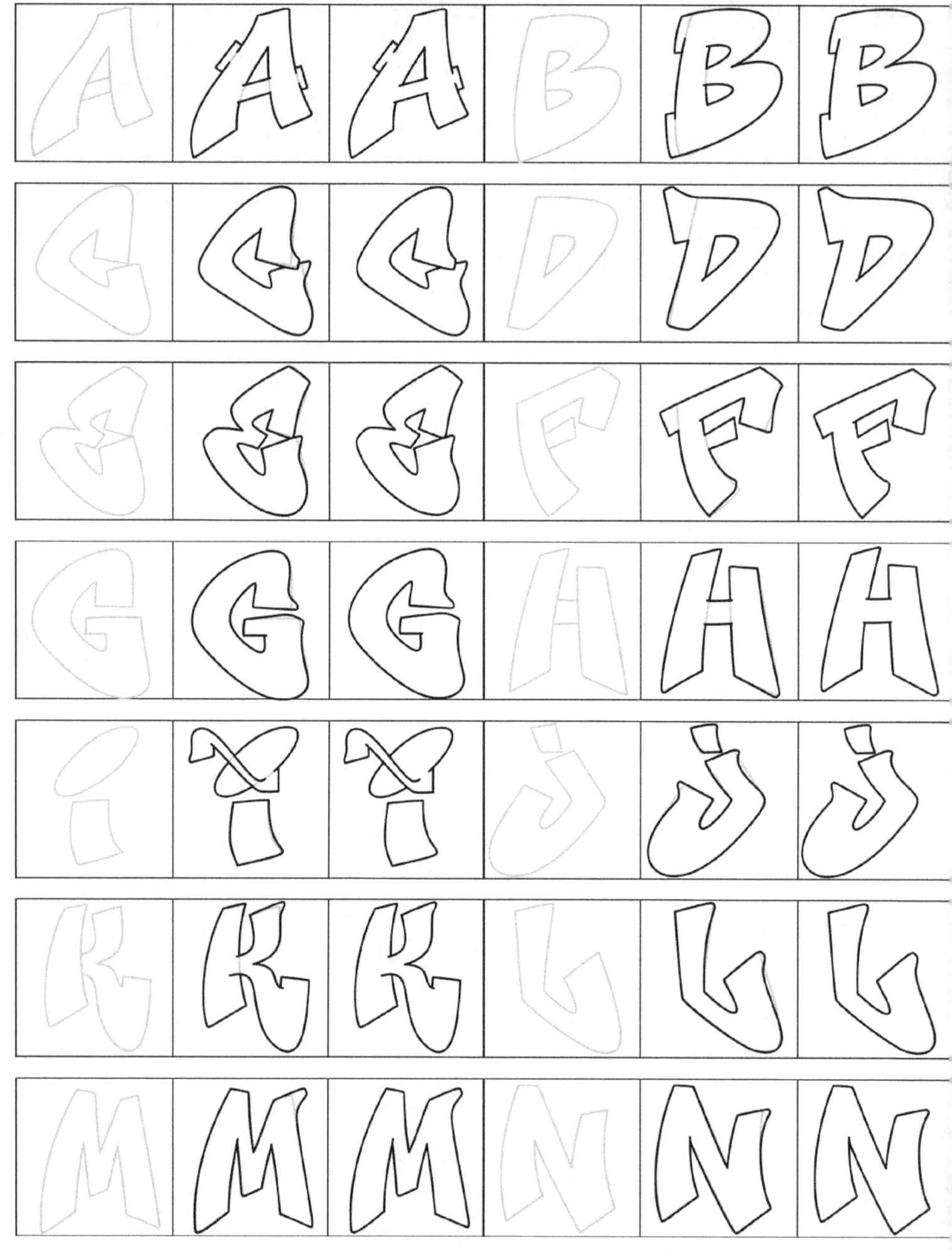

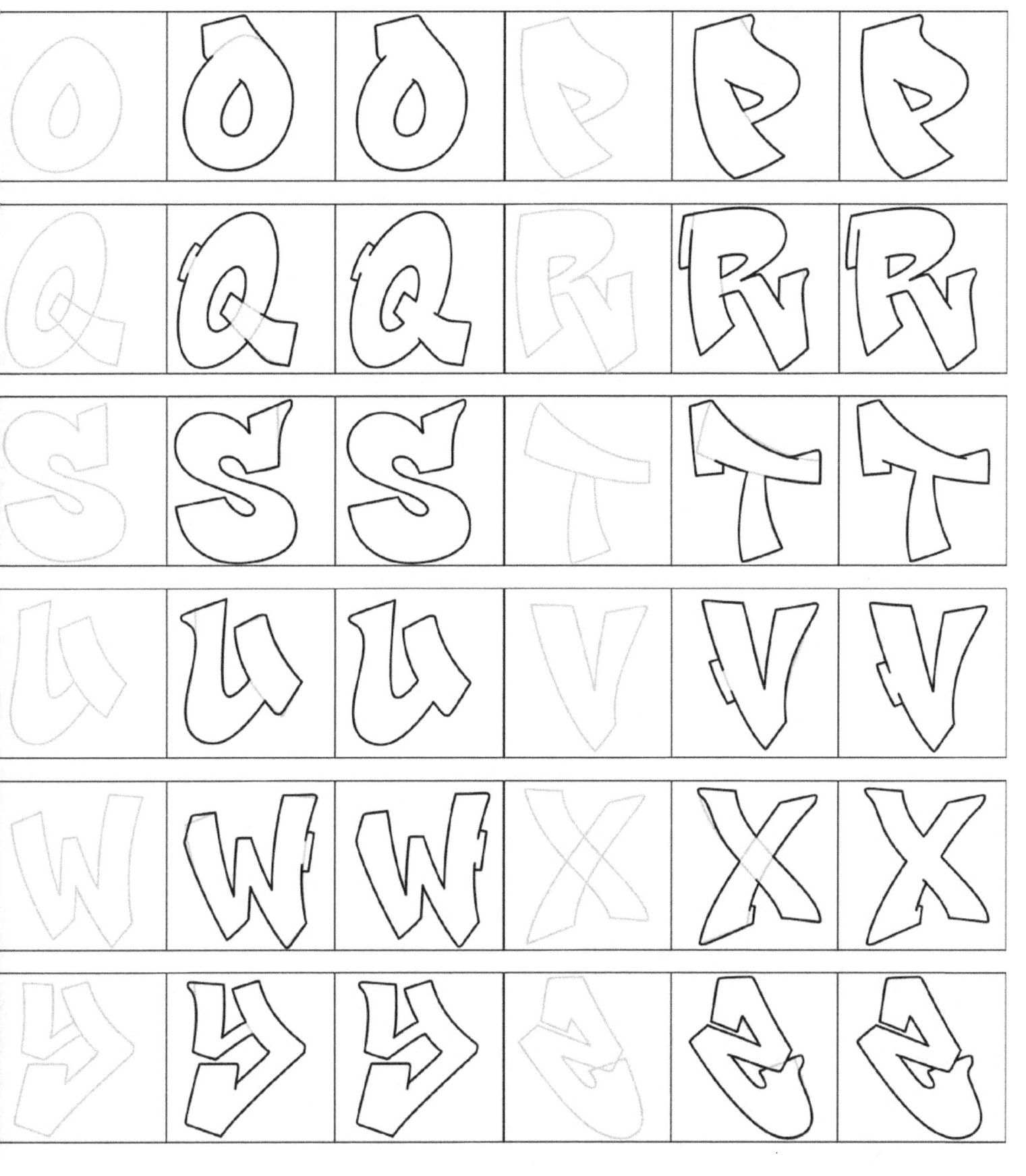

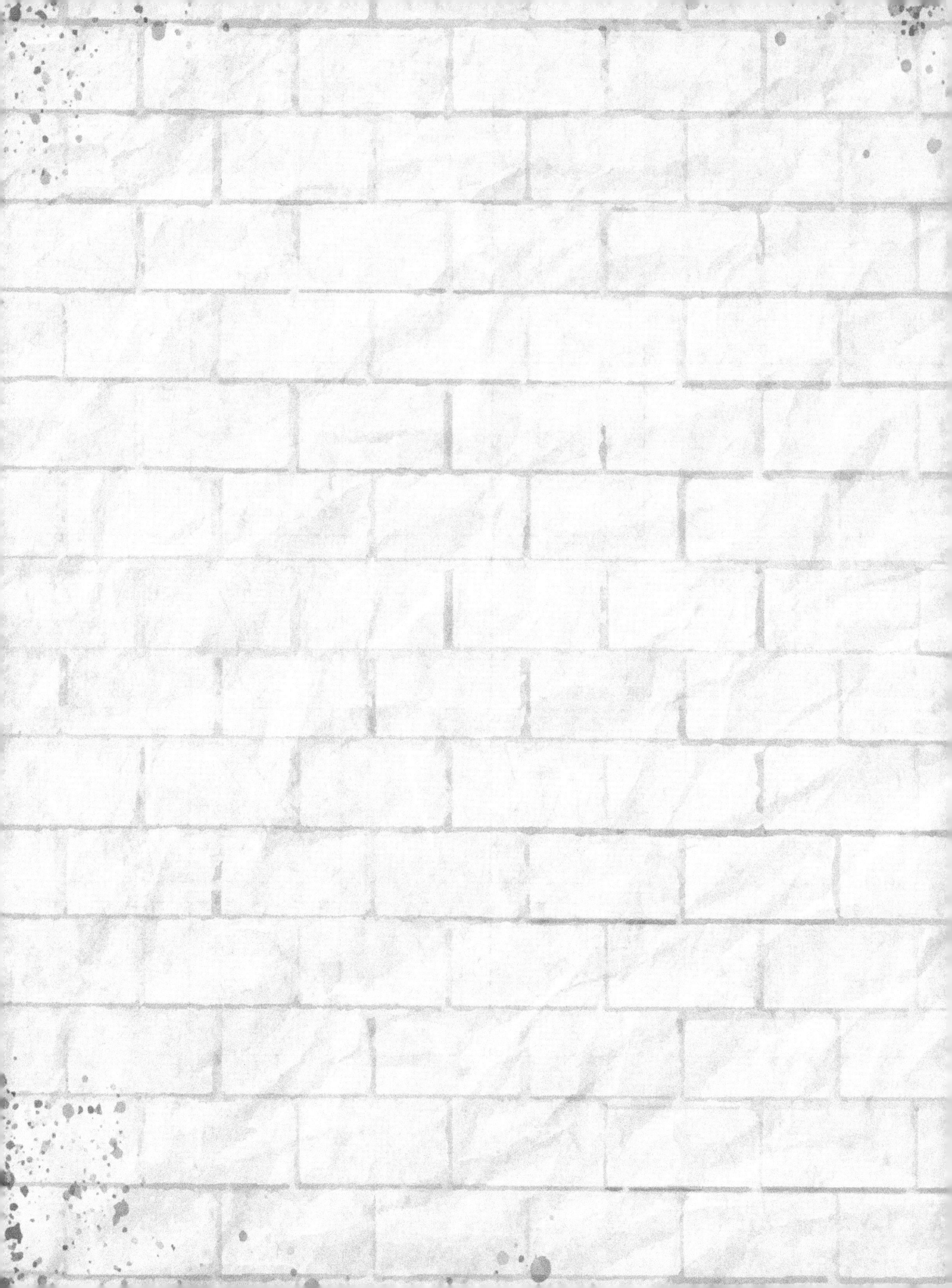

www.ingramcontent.com/pod-product-compliance
Lightning Source LLC
Chambersburg PA
CBHW082114220526
45472CB00009B/2175